Pierre Stutz

In der Weite des Himmels

Das Buch

Zu jedem Buch der Bibel legt Pierre Stutz Meditationen vor. Sie öffnen die Augen, damit der Blick frei wird: auf die Tiefe des Lebens, auf die Weite des Himmels. »Biblische Texte sind mir eine Lebenshilfe, sie verwurzeln mich in einer Bodenständigkeit, die mich himmelwärts aufrichtet. Das ist ja das Faszinierende an diesen heiligen Texten, dass wir nie fertig mit ihnen sein werden. Ein Leben lang dürfen wir sie neu buchstabieren und in Verbindung bringen mit den aktuellen Themen unseres Lebens« (Pierre Stutz).

Der Autor

Pierre Stutz, Theologe, spiritueller Begleiter, Autor vieler erfolgreicher Bücher zu einer Spiritualität im Alltag, langjährige Erfahrung in Jugendseelsorge und Erwachsenenbildung, Ausbildung im Sozialtherapeutischen Rollenspiel, 1998–2010 Mitredakteur der spirituellen Fotozeitschrift »ferment«, rege Kurs- und Vortragstätigkeit im ganzen deutschsprachigen Raum, lebt in Lausanne. Im Internet: www.pierrestutz.ch

Pierre Stutz

In der Weite des Himmels

Ein meditativer Gang durch die Bibel

HERDER

FREIBURG · BASEL · WIEN

HERDER spektrum Band 6290

MIX
Papier aus verantwortungsvollen Quellen
FSC® C083411
www.fsc.org

Titel der Originalausgabe
In der Weite des Himmels

www.herder.de

Umschlagkonzeption: Agentur RME Roland Eschlbeck
Umschlaggestaltung: Verlag Herder
Umschlagmotiv: © miyvkiutada

Den Bibelzitaten ist zugrunde gelegt:
Die Bibel. Die Heilige Schrift des Alten und Neuen Bundes. Vollständige deutsche Ausgabe
DIE BIBEL

Herstellung: CPI – Clausen & Bosse, Leck

Printed in Germany

ISBN 978-3-451-06290-2

INHALT

ZUR EINSTIMMUNG

«Die Geschichten sind nur deshalb Geschichten, weil sie uns an Geschichten erinnern», heißt ein viel beachtetes Wort des Schweizer Schriftstellers *Peter Bichsel* (geb. 1935). Ich bringe es in Verbindung mit meiner leidenschaftlichen Liebe zu biblischen Texten. Diese uralten Geschichten sind voller Lebenskraft und voller Zweifel. In ihnen ist auch meine Existenz mit all ihrer Sehnsucht und Verlorenheit gut aufgehoben. Biblische Erzählungen und Lebensweisheiten erinnern mich an unzählige Lebensgeschichten von Menschen, denen ich begegnen darf. Kostbar sind jene Momente, in denen mir im Leben authentische Begegnungen geschenkt sind. Begegnungen, in denen Mitmenschen ehrlich von ihrem Leben erzählen, von ihrer Lebenslust und von ihrer Verletzlichkeit. Was für ein Glück, wenn Menschen von ihrem Aufblühen erzählen, ihren beflügelnden Erfahrungen und auch von ihren Stunden der Verzweiflung, ihrer bodenlosen Trauer und ihrer Zerbrechlichkeit.

Intensivstes Leben erfahre ich, wenn dieses Mitteilen von Geschichten, die das Leben schrieb, Anerkennung und Resonanz findet. Wenn in einer Gruppe andere mitfühlend und mithoffend dabei sind, um sich dann auch einbringen zu können, im

Mitschwingen und in der Verschiedenheit. Ehrliche Lebensgeschichten lassen uns eintreten in eine Zeitlosigkeit, die uns eine tiefere Verbundenheit schenkt. Das Mitteilen von Aufbrüchen und Brüchen im Leben nährt unsere tiefe Sehnsucht, eingebunden zu sein in einer größeren Geschichte, in der das Ureigene und das Verbindende seinen weiten Raum findet. «Das Geheimnis der Erlösung heißt Erinnerung», ist im jüdischen Talmud zu lesen. Es ist lebensnotwendig, uns alltäglich zu erinnern, dass wir verwurzelt sind in einer größeren Geschichte. Die Bibel nennt es die Geschichte des Volkes Gottes. Es ist ein Eingebundensein, das unsere Einmaligkeit nicht aufhebt, sondern sogar verstärkt, indem es die Originalität einer Lebensgeschichte in uralten Lebenserfahrungen würdigt. Meine eigene Erfahrung erhält ein größeres An-sehen, wenn sie verknüpft wird mit der Tiefe des Lebens, mit dem Urgrund allen Daseins.

Biblische Texte sind mir eine Lebenshilfe, weil sie mit größter Kreativität Gott ins Spiel bringen. In unserer Lebensfreude und in unserem Schreien nach Sinn wird das Sich-Ereignen Gottes freigelegt. «Die Geschichten sind nur deshalb Geschichten, weil sie uns an Geschichten erinnern», sagt *Peter Bichsel*. Ich entdecke in dieser Aussage die ver-rückte Hoffnung der biblischen Geschichten, die auch angesichts der Erschütterungen im Leben in der Weite des Himmels einen Regenbogen aufscheinen lassen. Sogar in den Stunden der

Dunkelheit wird an diesem unhaltbaren Vertrauen festgehalten! Darum liebe ich biblische Texte. Sie verwurzeln mich zu einer Bodenständigkeit, die mich himmelwärts aufrichtet. Darum versuche ich seit meiner Jugendzeit, sie in mein Leben hineinzuweben, in mein Lachen, in mein Schweigen und in mein Engagement, in meine Liebeskraft, in meine Tränen, in meine Ängste und in meine Leichtigkeit.

Kritisch-mystische Bibelmeditationen

In dieser Grundhaltung habe ich für die Monatszeitschrift «Anzeiger für die Seelsorge» während sechs Jahren biblische Meditationen geschrieben. Ich habe erneut einen Gang durch die ganze Bibel gewagt, indem ich Monat für Monat ein biblisches Buch gelesen und meditiert habe. Danach habe ich jeweils «nur» einige Verse ausgewählt. Jene wenigen Worte, die mich im Hier und Jetzt am meisten bestärkt und/oder verunsichert haben. Meine Auswahl hat nichts mit Willkür und Beliebigkeit zu tun. Sie verdichtet die größte Resonanz, die einige Worte in mir ausgelöst haben. Ich verknüpfe sie mit den zentralen biblischen Themen, indem ich das Lebensbejahende und das Krankmachende hervorhebe. Das ist ja das Faszinierende an diesen heiligen Texten, dass wir nie fertig mit ihnen sein werden. Ein Leben lang dürfen wir sie neu buchstabieren und in Verbindung bringen mit den aktuellen persönlichen und gesamtgesellschaftlichen Lebensthemen.

Mein spiritueller Gang ist auch geprägt durch meine jahrelange Freilegung und Vertiefung der mystischen Spur in meinen jüdisch-christlichen Wurzeln. Eine mystische Bibelmeditation folgt der eigenen Intuition. Sie nimmt das eigene Angerührt- und Aufgewühltsein ernst, ohne die kritische Seite auszuklammern. Mystikerinnen und Mystiker deuten die Bibel nicht wortwörtlich, das wäre viel zu einfach! Sie versuchen, sie existenziell weiterzuschreiben in ihren ureigenen Lebensweg hinein. Ich informiere mich kritisch, wie Texte entstanden sind, wie sie verändert worden sind, welche Wirkungsgeschichte sie hatten. Dazu kann das empfehlenswerte «Herders Neues Bibellexikon» (Freiburg im Breisgau 2008) und die inspirierende «Bibel in gerechter Sprache» (Gütersloh 2006) eine wahre Fundgrube sein. Eine mystische Alltagsgestaltung lädt zu einer lebensbejahenden Spannung ein, in der persönliche Betroffenheit und kritisches Hinterfragen ausgehalten werden. Ein beherztes Dasein integriert Verstand und Gefühl im liebenden Unterwegssein, damit wir in die biblischen Worte «einverleibt» werden können, wie es die Sozialpädagogin und Mystikerin *Madeleine Delbrêl* (1904–1964) treffend sagt: «Wir verarbeiten die Worte der biblischen Bücher in uns. Die Worte des Evangeliums durchwalken uns, verändern uns, bis sie uns sozusagen sich einverleiben.»

Von diesem Aneignen biblischer Worte, das auch im Loslassen der biblischen Bilder sich entfaltet, spricht der Mystiker *Jakob Böhme* (1575–1624), der Schuster aus Görlitz: «Du bist Gottes geformtes Wort, du musst dein eigen Buch, das du selber bist, lesen lernen, so wirst du alle Bilder los und siehest die Stätte, welche heißet: Hier ist Gott.» Mystische Bibelmeditationen ermutigen zu einer befreienden Selbsterkenntnis. Sie bestärken zum Dialog mit anderen Menschen, die auch die göttliche Spur in allen Lebensvollzügen suchen und ent-wickeln möchten. Darum sieht die Mystikerin *Dorothee Sölle* (1929–2003) biblische Texte als Nahrungsmittel: «Die Psalmen sind für mich eines der wichtigsten Lebens-mittel. Ich esse sie, ich trinke sie, ich kaue auf ihnen herum, manchmal spucke ich sie aus, manchmal wiederhole ich mir einen mitten in der Nacht. Sie sind für mich Brot. Esst Psalmen. Jeden Tag einen. Vor dem Frühstück oder vor dem Schlafengehen, egal. Haltet euch nicht lang bei dem auf, was ihr komisch oder unverständlich oder bösartig findet, wiederholt euch die Verse, aus denen Kraft kommt, die die Freiheit, Ja zu sagen oder Nein, vergrößern. Findet euren eigenen Psalm.»

Atem der Freiheit

Dieser kritische Atem der Freiheit ist mir in der Begegnung mit der Bibel sehr wichtig. Eine gesunde

Spiritualität lebt von der Spannung von Zustimmung und Unterscheidung. Die evangelische Theologin *Ina Prätorius* (geb. 1956) nennt die biblische Tradition originell «einen fruchtbaren Kompost. Als ein Haufen organischer Abfälle aus vielen hundert Jahren Geschichte bedarf sie, wenn gute Nahrung aus ihr wachsen soll, der kundigen Bearbeitung, gerade heute, in der Zeit des ausgehenden Patriarchats.» Der Franziskaner *Richard Rohr* (geb. 1943) sieht die biblischen Texte als einen Spiegel unseres menschlichen Bewusstseins und unserer Lebensreise: «Die Bibel ist, ein ‹Text in Arbeit›, der das Ringen um die Ausarbeitung einer Reihe von Aussagen vor Augen führt. Er kommt nur langsam Schritt für Schritt voran und fällt oft einige Schritte zurück. Worauf es ankommt, ist, dass man in diesem Prozess bleibt, sich an den sich entfaltenden Text hält und ihm erlaubt, einen weiterzuführen.» Es bedeutet, uns zu verabschieden von der Vorstellung, biblische Texte seien vom Himmel gefallen. Sie wollen immer neu entfaltet werden. Sie wollen uns in eine Tiefe und Weite führen, die befreit aus dem Gefängnis der Ichbezogenheit, wie mein Freund *Fulbert Steffensky* (geb. 1933) betont: «Ich liebe die Bibel. Die Bibel ist wie ein Brief aus einem fernen Land der Wünsche und der Träume. Wer sie liest und kennt, ist nicht nur ein Hiesiger und Heutiger. Er ist auch ein Gestriger mit einer alten Erinnerung. Er ist auch ein Morgiger mit einem Versprechen. Die Gegenwart, die nur sich selber kennt, ist das pure Gefängnis ... Es gibt natürlich auch Texte der religiösen Tradition, die eher im Ungeist als im Geist bilden. Naiv kann man keiner Überlieferung trauen. Je mehr ich mich aber einarbeite und einliebe in die alten Geschichten, umso mehr reinigen sie sich gegenseitig, und ich bin ihnen nicht mehr ausgeliefert.» Mein spiritueller Gang durch die biblischen Bücher ist für mich einmal mehr zu einem Reinigungsprozess geworden, damit ich klarer die Abgründe unseres Lebens und die Weite des Himmels sehen kann. Darum wandere ich so gerne durch die biblische Landschaft.

Lausanne, 4. Januar 2011 *Pierre Stutz*

GASTFREUNDSCHAFT WAGEN

«Man bringe etwas Wasser, dann wascht eure Füße, legt euch unter den Baum.»

GENESIS 18,4

Kirche hat für mich die notwendige Aufgabe, den Menschen Lebenshilfe zu sein. *Henri Nouwen* (1932–1996) hat vor 25 Jahren geschrieben: «Ich fürchte, man wird der Kirche in ein paar Jahrzehnten vorwerfen, in ihrer Hauptaufgabe versagt zu haben: die Menschen positiv dazu anzuleiten, mit dem Ursprung des menschlichen Lebens Verbindung aufzunehmen.» Eindrückliche Worte, die nichts an Aktualität verloren haben. Darum suche ich auch in den biblischen Texten das Lebensfördernde, das Aufrichtende, das Befreiende und vor allem die Nähe zum ganz Unscheinbaren, zum Alltäglichen. So hinterfrage und verabschiede ich mich von krankmachenden Gottesbildern. Ich spreche offen aus, wenn mich ein biblischer Text empört. Denn ich weiß, dass diese heiligen Texte nicht vom Himmel gefallen sind, sondern eingetaucht sind in unser ganzes Menschsein, mit unserem Licht und Schatten, mit unserer Sehnsucht und Ambivalenz. Darum werden wir nie fertig mit diesen Worten, sondern wir sind aufgefordert, sie immer wieder neu zu deuten, zu ertasten, zu erleiden und zu erhoffen.

Echte Hilfe zum Leben zeigt sich mir nicht nur in den schönen, hellen Seiten des Lebens, sondern ich entdecke auch im Schrei nach Gerechtigkeit, in den Tränen, in der Konfliktfähigkeit und im Kampf die Fülle des Lebens. Ich brauche biblische Lebensworte, um die Widersprüchlichkeit unserer Existenz aushalten zu können. So halte ich inne bei einem Vers, der mich zum Hier und Jetzt bewegt und mir zugleich Fenster zur Ewigkeit eröffnet. Dieses Aufatmen erkenne ich in der Begegnung Abrahams mit drei Männern in der Hitze des Tages.

Was später als Gottesbegegnung gedeutet wird, beginnt mit Wasser, mit der Einladung, den Füßen Gutes zu tun und sich hinzulegen. Urmenschliche Gesten, die sich auch Jesus aneignet, indem er sie in der Fußwaschung als sein testamentarisches Hoffnungszeichen auswählt. Diese uralten Worte sind zeitlos, weil sie uns Menschen zur Achtsamkeit bewegen und in mir die Vision einer Welt wecken, in der wir lernen, gut mit uns selbst und unserer Leib-Geist-Seele-Einheit umzugehen und zugleich anderen Menschen diese wohltuenden Gesten schenken.

Gastfreundschaft ist eines der lebensfördernden Motive, das sich durch die biblischen Bücher zieht. Da konkretisiert sich, was es bedeuten kann, die Menschen mit dem Ursprung des menschlichen Lebens in Verbindung zu bringen. Ein Vers im Hebräerbrief bringt es auf den Punkt: «Vergesst nicht die Gastfreundschaft. Durch sie haben ja manche, ohne es zu merken, Engel beherbergt» (Hebr 13,2).

Du
schenkst mir deine Gastfreundschaft
suchst mich auf
längst bevor ich dich suche
lädst mich ein zum Verweilen

Du
bewegst mich zur Gastfreundschaft
zeigst mir auf
wie im Teilen von Freud und Leid
sich intensives Glück ereignet

Du
stiftest uns an zur Gastfreundschaft
mutest uns den Aufbruch zu
um in Kampf und Kontemplation
deine Gegenwart zu feiern

DIE KRAFT DES DASEINS

«Da sprach Gott zu Mose: Ich bin der Ich-bin!»
EXODUS 3,14

Der italienische Film «Die Hausschlüssel – Le chiavi di casa», der im September 2004 auf dem Filmfestival von Venedig vorgestellt wurde, nimmt mich mit auf die Reise eines Vaters mit seinem 15-jährigen behinderten Sohn Paolo. Die 19-jährige Mutter von Paolo stirbt bei seiner Geburt. Sein Vater Gianni ist so erschüttert, dass er es nicht schafft, sein behindertes Kind zu sehen; die Familie seines Bruders nimmt es auf. Nach 15 Jahren wagt nun Gianni eine erste Begegnung mit seinem Sohn. Er begleitet ihn auf seiner Reise von Mailand in eine Spezialklinik nach Berlin. Eine schmerzvoll-befreiende Annäherung gelingt. Paolo hilft seinem Vater, seine verdrängte Geschichte aufzuarbeiten. In alltäglichen Erfahrungen lerne beide, ihre Behinderung anzunehmen. Diese heilsame Erfahrung verdichtet sich im Moment, wo der Vater seine Tränen nicht mehr zurückhalten kann und weint und weint. Paolo tröstet ihn mit den Worten: «Weine nicht, ich bin ja bei dir.»

Ich will den Regisseur Gianni Amelio für nichts vereinnahmen, doch ich bin berührt von diesem zutiefst menschlichen Film, der ohne falsches Pathos einen Weg der Befreiung aufzeigt. Ich bin beglückt, weil ich in dieser Geschichte das Ur-Credo des Volkes Israel entdecke, das sich auch in meinem Leben ereignen kann. Die Zusage nämlich, dass es nie zu spät ist, um aufzubrechen aus der Gefangenschaft der inneren Selbstentfremdung. Ein Weg aus der Wüste der Entwurzelung ist möglich. Ein neues Land, eine neue Lebensqualität eröffnet sich. Da begegne ich den Durststrecken, den Zweifeln und zugleich den Sternstunden und Oasen der Hoffnung. «Ich bin ja bei dir» sind jene zeitlosen Vertrauensworte, die schon Mose erfahren hat in den brennenden Fragen seiner Zeit. Im Auf und Ab des Alltags offenbart sich Gott als Urgrund aller Beziehung, als tiefes Geheimnis. Gott ereignet sich immer wieder neu in der Kraft des Daseins, die Menschenwürde und Toleranz erfahren lässt.

Der Kraft meines Daseins trauen
lachen und weinen
kämpfen und hoffen
weil Gottes Name heißt:
Ich bin da

Der Kraft meines Mitseins trauen
nicht über den Dingen stehen
mittendrin Zuversicht und Zweifel teilen
weil Christus uns zuspricht:
Ich bin mit euch alle Tage

Der Kraft meines Unterwegsseins trauen
mich verwurzeln in der Weggemeinschaft
aller Menschen guten Willens
die aus der Kraft des heilenden Geistes Gottes
leben:
Entwurzelten eine gute Nachricht zu bringen

SICH VERWURZELN

«Wenn sich ein Fremder bei euch im Land aufhält, dürft ihr ihn nicht unterdrücken. Wie ein Einheimischer aus eurer Mitte gelte euch der Fremde, der sich bei euch aufhält. Du sollst ihn lieben wie dich selbst. Denn auch ihr wart Fremde im Land Ägypten. Ich bin euer GOTT.»

LEVITIKUS 19,33–34

Im Betrachten der Bäume erkenne ich immer wieder, was wesentlich ist im Leben: Je tiefer sich Bäume verwurzeln, umso mehr können sie sich in eine Vielfalt von Ästen hineinbegeben! So lässt mich meine Verwurzlung in Gott beweglich, offen und tolerant werden. Diese Grundhaltung erkenne ich sogar im Gang durch das Buch Levitikus. Die Enge einer Fülle von Regeln und Geboten öffnet sich mit ethischen Impulsen, die höchst aktuell sind und uns einen anderen Umgang mit den Fremden und mit der Schöpfung aufzeigen. Im dritten biblischen Buch wird die heilsame Notwendigkeit einer Brachzeit entfaltet: «Sechs Jahre sollst du dein Feld bestellen und sechs Jahre deine Weinberge beschneiden und ihren Ertrag ernten. Im siebten Jahr aber soll das Land völlige Ruhe haben, eine Ruhezeit zu Ehren GOTTES» (25,3–4). Wir brauchen in unserer religiösen

Verwurzelung identitätsstiftende Perspektiven, zugleich umfasst jede spirituelle Vertiefung die Kunst des Loslassens. Christliche Mystikerinnen und Mystiker bestärken mich zur Verwurzelung in Christus, damit ich alltäglich Bilder von mir selbst, den anderen und sogar von Gott loslassen kann. Beim kleinen Weg von *Thérèse von Lisieux* (1873–1897) ist diese Beweglichkeit erkennbar. Sie will nicht die beschwerliche Treppe der Vollkommenheit hinaufsteigen, sondern sucht unermüdlich «einen Fahrstuhl zu Jesus». Eine Gesetzesfrömmigkeit wird verwandelt in eine angstfreie Beziehung zum Urgrund allen Lebens. Da bin ich nicht immer nur Bittender, sondern es eröffnet sich mir ein dialogischer Prozess. *Thérèse von Lisieux* gelingt es in wenigen Worten, diese Umkehr zu beschreiben, indem sie der Geschichte vom Sturm auf dem See (Mk 4,35–41) eine mystische Deutung verleiht:

«Jesus schläft, er schlummert in meinem kleinen Nachen. Die Menschen lassen Ihn selten ungestört in ihrer Seele schlafen. Jesus ist so müde, sich immer zu verausgaben und entgegenzukommen, dass Er gern die Ruhepause nützt, die ich Ihm anbiete.»

Diese Worte berühren mich zutiefst. Sie erzählen von einer reifen Liebe, die nicht immer nur nehmen will, sondern sogar in den dunkeln Stunden der Nacht Christus als ruhenden inneren Pol erahnt. Meine Verwurzelung in das Atmen des heilenden Geistes verwandelt meine Angst vor dem Neuen und bewegt mich zur Solidarität und zur Toleranz.

Dich suche ich leidenschaftlich
in all den Ereignissen meines Lebens

Du suchst mich vertrauensvoll
längst bevor ich mich auf den Weg mache

Dich erahne ich in meiner Sehnsucht nach
    Verwurzelung
die sich durch Beziehung ereignet
und nicht durch Ausgrenzung

Du eröffnest mir eine neue Weite
durch dein Ruhen im tiefsten Seelengrunde

Dich erkenne ich in der Verwandlung
die Menschen zu einer inneren Freiheit bewegt

Du brichst unsere engen Glaubensräume auf
damit Menschen deine bedingungslose Liebe
    spüren

SICH VERWANDELN

«Gott antwortete Mose: Fertige dir eine Schlange an und befestige sie an einer Stange! Jeder aber, der gebissen ist und sie anschaut, soll am Leben bleiben!»

NUMERI 21,8

Vor über zwanzig Jahren habe ich in mein Tagebuch geschrieben: «An Christus glauben heißt für mich an die Verwandlung des Menschen glauben.» Diese Verheißung und Zumutung begleitet mich seither, und es vergeht fast kein Tag, an dem ich nicht um diese Hoffnung ringe angesichts all der schrecklichen Taten, die Menschen einander zufügen können. Trotzdem halte ich daran fest, und ich bin damit nicht alleine, zum Glück. Die jüdische Dichterin *Nelly Sachs* (1891–1970) schreibt: «Und ihr werdet hören, durch den Schlaf hindurch / Wie im Tode / das Leben beginnt.»

Spirituelle Menschen trauen sich selber und den anderen die göttliche Verwandlungskraft zu. Echte Verwandlung geschieht allerdings nicht in der Abgehobenheit, im Verdrängen der eigenen Abgründe, sondern im mutigen Hinabsteigen in das «Reich des Todes», weil sogar dort Christus uns erwartet, um uns mit Bestimmtheit und Wohlwollen zu uns selbst, zur tieferen Verbundenheit mit allem zu bewegen. Diese uralte Lebensweisheit finde ich auch im Buch Numeri. Da ist von Giftschlangen die Rede, die ich in Verbindung bringe mit vergifteten Arbeitsatmosphären, mit blockierten Beziehungen, mit verbissenem Engagement, mit Selbstentfremdung. Verwandlung zu einer neuen Lebensqualität geschieht im Ernstnehmen der Ängste, im Wahrnehmen von strukturellen Ungerechtigkeiten, im Anschauen von eigenen Anteilen der Verstrickungen. Österliche Menschen verinnerlichen, dass in der Begegnung mit dem Auferstandenen auch die Wundmale unserer Zeit aufscheinen: Heimatlosigkeit, Entsolidarisierung, Sinnlosigkeit, Ungerechtigkeit. Sie mit dem Blick der Ewigkeit anzuschauen kann unser Vertrauen nähren in die Kraft der Verwandlung, die sich uns durch unsere durch-kreuzten Hoffnungen hindurch unaufhaltsam schenken wird.

Du
bist der Grund meines Vertrauens
der mich zu mir selber führt
zu meinem wahren Gesicht

Du
bist der Grund meiner Hoffnung
der mich zu den anderen führt
zur bestärkenden Weggemeinschaft

Du
stärkst in uns den Mut
unsere Schattenseiten anzusehen
unsere Blockierungen anzusprechen

Du
lebst als tiefe Verwandlungskraft
in uns allen

DAS LEBEN WÄHLEN

«Leben und Tod, Segen und Fluch habe ich dir vor Augen gestellt. So sollst du denn, damit du und deine Nachkommen am Leben bleiben, das Leben wählen, indem du GOTT *liebst, seiner Stimme gehorchst und an ihm festhältst!»*
DEUTERONOMIUM 30,19–20

Die Biografie der ersten afrikanischen Friedensnobelpreisträgerin *Wangari Maathai* (geb. 1940), der Mutter der Bäume, beeindruckt mich und fordert mich heraus. Die beharrliche Geduld einer Frau, die seit 1977 zusammen mit der von ihr gegründeten «Grüngürtel-Bewegung» über 30 Millionen Bäume gepflanzt hat, nährt meine Hoffnung, weiterhin an das Unmögliche zu glauben. In ihrem politischen Engagement erkenne ich die uralten Worte aus dem fünften Buch Mose, die uns anstiften, das Leben zu wählen. Damals wie heute bedeutet es, inmitten von Korruption, von Rückschlägen, von Ungerechtigkeiten, einen Hoffnungsweg zu bahnen, weil der Gott von Sara und Abraham und von Mirjam und Mose sich einlässt und einmischt, um seine Liebe zur Schöpfung zu verwirklichen. Eine vertrauensstiftende Wirklichkeit, die in der solidarischen Zuwendung Jesu zu aller Kreatur erfahrbar wird als weltweiter Versöhnungsweg. Wangari Maathai zeigt uns auf, dass die Zukunft der Menschenrechte tief verwurzelt ist in der Liebe zur Schöpfung. Ihr Kampf, der sie auch ins Gefängnis führte, erzählt von der notwendigen Zivilcourage glaubender Menschen, die konfliktfähig werden, dem Leben zuliebe. Die Afrikanerin hat in den USA und in Deutschland studiert. Sie sagt, dass sie bei den Benediktinerinnen im *Mount St. Scholastica College* in Atchison (Kansas) gelernt hat, «ihre kleine brennende Flamme zum Leuchten zu bringen». Dieser Ur-Auftrag bewohnt jeden Menschen. Es bedeutet nach dem Buche Deuteronomium, Gott ganzheitlich, mit ganzem Herzen, mit ganzer Seele, mit ganzer Kraft zu lieben, wie es im jüdischen Gebet «Schema Israel – Höre Israel» sich verdichtet (Dtn 6,4). Im Lebensweg von Wangari Maathai erahne ich dieses Wirken Gottes in allen Dingen. Ein unaufhaltsames Wirken, das mich zum Aufstand für Frieden in Gerechtigkeit und der Bewahrung der Schöpfung bewegt, damit die Hoffnung auch in uns auferstehen kann, wie dies *Martin Luther* (1483–1546) umschreibt: «Auch wenn ich wüsste, dass morgen die Welt zugrunde geht, würde ich noch heute einen Apfelbaum pflanzen.»

Du
lebst als hoffnungsstiftende Kraft
in allen Menschen guten Willens
die sich nicht beirren lassen von
Rückschlägen und Verunsicherungen

Du
bewohnst als Christuskraft
unser solidarisches Engagement
für eine menschlichere Zukunft
das von deiner Aufstehung erzählt

Du
lässt uns täglich staunen
über die Wunder deiner Schöpfung
damit wir sie voller Achtsamkeit
bewahren für die kommenden Generationen

Du
atmest in allem, was lebt

HEILSAME ERINNERUNG

Dann sprach Josua zu den Israeliten: «Wenn eure Kinder eines Tages ihre Väter fragen: Was bedeuten diese Steine», dann sollt ihr euren Kindern antworten: «Im Trockenen ist Israel durch den Jordan gezogen, denn JHWH, euer Gott, hat vor euch die Wasser des Jordan austrocknen lassen, bis ihr durchgezogen wart, so wie euer GOTT es mit dem Schilfmeer getan hatte, das er vor uns austrocknen ließ, bis wir durchgezogen waren.»
JOSUA 4,21-23

Ich tue mich schwer mit den kriegerischen Kapiteln im Buche Josua. Sie zeigen mir auf, wie wir alle in Gefahr sind, im Nachhinein die Geschichte einseitig zu deuten. Im Buche Josua wurden verschiedene Erfahrungen und Deutungen der Geschichte von Redaktoren zusammengeführt und auf die Person des Josua fokussiert. Es ist eine Siegergeschichte, die mich herausfordert, über eine heilsame Erinnerung nachzudenken. Im Talmud lese ich: «Das Geheimnis der Erlösung heißt Erinnerung.» Ein eindrücklicher Satz, der uns einlädt, uns an die Sonnen- und Schattenseiten des Lebens zu erinnern.

Ich tue mich schwer mit den weltweit 45 Kriegen, die in diesem Moment stattfinden. Die Geschichte zeigt uns, wie problematisch und gefährlich es sein kann, wenn ein Volk Gott für sich alleine beanspruchen will. Sollten darum all die schrecklichen Kriegsgeschichten mit vielen krankmachenden Gottesbildern aus unseren heiligen Büchern entfernt werden? Würden uns nur harmonische Geschichten weiterhelfen? Sicher nicht, sie würden uns noch mehr entfernen von all den Menschen, die auch heute um ihr Überleben kämpfen. Wir brauchen eine ehrliche Geschichtsaufarbeitung, in der unsere Erfahrungen nicht einzig auf das Lebensschema Ursache-Wirkung reduziert werden. Wenn unsere Kinder und Jugendlichen uns nach unserer Vergangenheit fragen, dann sollen sie erahnen, dass unsere Geschichtsaufarbeitung verständlicherweise einseitig ist. Wir bestärken junge Menschen zur Hoffnung, wenn sie entdecken, dass es nie nur eine Siegergeschichte gibt, sondern immer auch eine Verlierergeschichte. Beim Lesen der zehn Bände der Geschichte des Christentums von *Michel Clévenot* (auf Deutsch erschienen in der Edition Exodus Luzern) habe ich gelernt, wie wichtig es ist, die Geschichte aus der Sicht der kleinen Leute zu entdecken. Es ist die Sicht Jesu.

«Auf der Seite der Verlierer sein im Weltprozess» umschreibt *Walter Benjamin* (1892–1940) seine Lebensaufgabe. Die Auseinandersetzung mit biblischen Texten kann uns da eine Hilfe sein, wenn wir den Mut haben, die Einseitigkeit der Texte zu hinterfragen und zu ergänzen. So wird auch die Geschichte des Bösen konkret, wie dies Papst *Johannes*

Paul II. (1920–2005) in seiner Botschaft zum Weltfriedenstag 2005 geschrieben hat: «Das Böse ist keine anonyme Macht, die kraft deterministischer und unpersönlicher Mechanismen in der Welt am Werk ist. Das Böse nimmt seinen Lauf über die menschliche Freiheit ... Das Böse hat immer ein Gesicht und einen Namen.» Diese Wirklichkeit darf nie beschönigt werden. Mahnmale verhelfen uns zu einer heilsamen Erinnerung, die Ungerechtigkeiten nie vergessen zu lassen und zugleich uns zu erinnern, wie das Gute sich trotz allem immer wieder entfaltet. So finden wir im 20. Kapitel des Buches Josua die Praxis der Asylstätte, die von einem differenzierten Umgang mit Gewalt erzählt.

In all den kriegerischen Erfahrungen bahnt sich unaufhaltsam eine Versöhnungsgeschichte an, die sich im gewaltfreien Widerstand Jesu verdichtet und die sich auch jetzt durch viele Menschen guten Willens ereignet. Kinder und Jugendliche sehnen sich nach authentischen Menschen, die Vergangenes nicht schönreden, sondern Schuld und Friedensschritte benennen, um miteinander aus den Erfahrungen der Geschichte lernen zu können.

Du
stärkst in uns
jene heilsame Erinnerungskraft
die Schuld und Versöhnung benennen kann

Du
lädst uns täglich ein
den heiligen Ort in uns zu betreten
um an der Ungerechtigkeit nicht zu verzweifeln

Du
bist jene hoffnungsstiftende Auferstehungskraft
die Menschen zusammenführt
für die Bewahrung deiner Schöpfung

Du
nährst unser Vertrauen
in gewaltfreie Formen des Widerstandes
die Frieden in Gerechtigkeit fördern

Du
lenkst Tag für Tag
unsere Schritte
auf dem Weg des Friedens

IN SEINER KRAFT SEIN

«Da wandte sich GOTT *zu ihm und sagte: Geh und befrei Israel mit deiner Kraft aus der Hand Midians. Bin ich es nicht, der dich sendet?»*
RICHTER 6,14

Wie berührend und erschreckend biblische Texte sein können, zeigt sich auch im Buch Richter. Darin findet sich die beeindruckende Fabel vom König der Bäume (9,7–21) und das himmelschreiende Menschenopfer von Jiftachs Tochter Mizpa (11,29–40). Trotz dieser Spannung finde ich in der Berufungsgeschichte des Gideon (6,11–16) ermutigende Worte, die mich seit vielen Jahren begleiten. In einem kriegerischen Kontext, mitten im Ringen zwischen Überleben und Tod, zeigt sich uns zuerst das Bild eines Engels, das von der Kraft des Innehaltens erzählt: «Es kam der Engel GOTTES und setzte sich unter der Terebinthe von Ofra ...» (Ri 6,11).

Mitten in der Panik erlaubt sich ein Engel, sich zuerst zu setzen, um Kraft zu schöpfen. Durch dieses innere Kraftschöpfen kann er auch Gideon herausholen aus dem Dschungel seines Alltags, beim Dreschen von Weizen. Er erinnert ihn daran, dass er anerkannt ist vor aller Leistung. Doch Gideon lässt sich nicht abhalten, all das infrage zu stellen: «Wo sind alle seine wunderbaren Taten, von denen uns unsere Väter erzählt haben? Sie sagten doch: Wirklich GOTT hat uns aus Ägypten herausgeführt. Jetzt aber hat er uns verstoßen ...» (Ri 6,13). Angesichts der Bedrohung durch Midian ringt der junge Gideon um die Erneuerung seines Credos. In ihm finden wir einen zweifelnden Verbündeten, der uns Mut macht, fragend unterwegs zu bleiben. Denn Glaube kann nicht verordnet werden, sondern nur angeeignet! Dies geschieht nicht durch moralisierende Appelle, sondern durch die persönliche Zuwendung Gottes in berührenden Worten, die zeitlos sind: «Geh in dieser deiner Kraft» (wie *Martin Buber* übersetzt).

Menschen, die aus der Mitte ihres Glaubens leben, werden auf ihre Lebenskraft verwiesen. Dabei handelt es sich nicht nur um meine Kraft, sondern um die göttliche Kraft in mir, die Auferstehungskraft, die innerlich aufrichtet zu einem mutigen Engagement. Spirituell-mystische Menschen sind nicht außer sich, sondern sie schöpfen im Rückzug jene innere göttliche Lebenskraft, die Unmögliches möglich werden lässt.

Diese Grundhaltung zeigt sich im nächsten Kapitel, in dem Gott Gideon bestärkt, die 30000 Mann, die sich um ihn versammelt haben, zum Wasser zu führen: «GOTT sagt zu Gideon: Alle, die das Wasser mit der Zunge lecken wie ein Hund, die stelle auf die eine Seite. Und alle, die sich hinknien, um zu trinken, die stelle auf die andere Seite. Die Zahl derer, die das Wasser mit der Zunge leckten, war dreihundert» (Ri 7,5–6). Und Gideon zog mit nur dreihundert Mann los und errang einen großen Sieg. Eine Bibelstelle, die *Jörg Zink* (geb. 1922) in seinem Buch «Dornen können Rosen tragen. Mystik – Die Zukunft des Christentums» (Freiburg im Breisgau 2009) als unmittelbare Erfahrung deutet. Wie ein Hund trinken heißt für ihn: «Was aber die Mystikerinnen und Mystiker der christlichen Geschichte immer ausgezeichnet hat, das war eben dieser heute fast verlorene Mut zur Unmittelbarkeit ihres Erfahrens und Tuns. Sie waren überzeugt, dass sie Gott nicht irgendwo in irgendeiner Ferne suchen müssten, dass er ihnen vielmehr immer schon unmittelbar nahe sei.» Diese Nähe erlebe ich alltäglich in meiner Lebenskraft und in meiner Verletzlichkeit.

Du
sprichst mir zu
meiner Lebenskraft zu trauen
auch in all meinem Zweifeln

Du
erneuerst deinen Zuspruch
mit mir zu sein
vor allen Ansprüchen

Du
bewegst uns zum Aufbruch
für eine menschlichere Zukunft
im Schöpfen aus deiner Quelle

SOLIDARISCH UNTERWEGS

«Rut antwortete ihr: Dräng mich nicht, dich zu verlassen und von dir wegzugehen. Denn wo du hingehst, will auch ich hingehen; wo du bleibst, will auch ich bleiben; dein Volk ist mein Volk und dein Gott ist mein Gott.»

RUT 1,16

523 Asylbewerber/innen sollten in Lausanne des Landes verwiesen werden («ausgeschafft» heißt es in der Schweiz), obwohl sie seit Jahren als Familien gut integriert sind im Kanton Waadt. Dieser Entscheid löste eine große Solidaritätsbewegung aus, die vor allem von der evangelischen und katholischen Kirche mitgetragen wird. In verschiedenen Kirchgemeindehäusern wurden die Menschen aufgenommen und begleitet. Unterschriften wurden gesammelt und ein Solidaritätsfasten entstand, das in einer ökumenischen Feier mit über 700 Personen in der Kathedrale von Lausanne vertieft wurde, zusammen mit dem Bischofsvikar und dem Präsidenten der Evangelischen Synode. Zur Zeit, da ich dies schreibe, ist unklar, ob die Asylsuchenden bleiben können oder in eine sehr problematische, ungewisse Zukunft geschickt werden. Der Einsatz geht weiter ...

In dieser beeindruckenden Solidaritätsaktion erkenne ich die Worte aus dem Buch Rut, die neu in unsere Zeit gesprochen werden. Gottes Nähe zu den Menschen in Not, zu den Ausgegrenzten wird erfahrbar, wenn wir es nicht länger zulassen, dass Ungerechtigkeit und Gewalt sich ausbreiten, und unermüdlich nach Formen des gewaltfreien Widerstandes suchen.

Dazu brauchen wir das Gebet, das Eintauchen in die Gegenwart des auferstandenen Christus, um zu erkennen, dass Gott Grenzen sprengt, weil er alle Menschen beim Namen ruft. Rut geht mit Noomi nach Betlehem, wo ihr unerwartet eine hoffnungsvolle Zukunft geschenkt wird, zum Wohle der ganzen Gemeinschaft: Boas nimmt Rut zu Frau, sie gebar einen Sohn, Obed. «Er ist der Vater Isais, des Vaters Davids» (Rut 4,16). Echtes Beten verwirklicht sich im Engagement. Die Quäker zeigen mir, dass auch das Gebet zu einem zivilen Ungehorsam führen kann. Jede ihrer Aktionen für die Würde des Menschen haben sie im intensiven Gebet verwurzelt. So sollen die Menschen in der Nähe der Quäkergemeinschaft zueinander gesagt haben: «Achtung, sie beten wieder!»

Du
stiftest uns an zu einem Solidaritätsweg
weil du als Hoffnungsfunke lebst
in der Mitte eines jeden Menschen

Du
inspirierst uns zu Widerstandsformen
die Notleidende erfahren lassen
wie du heilend-versöhnend wirkst

Du
führst uns zum betenden Dasein zusammen
damit wir jene Kraft aus der Tiefe schöpfen
die uns an das Unmögliche glauben lässt

SEINEN UREIGENEN WEG FINDEN

«David erklärte Saul: Ich kann darin nicht gehen, weil ich es noch nie versucht habe. Da zog man ihm die Rüstung wieder aus.»
1 SAMUEL 17,39

Beglückend ist für mich die Erfahrung, mich selber in biblischen Geschichten zu entdecken. Heilsam sind für mich jene Momente, in denen mir uralte Worte helfen, einen Teil meiner Lebensgeschichte zu deuten. Die Mystikerin *Simone Weil* (1909–1943) umschreibt diese existenzielle Erfahrung treffend: «Man muss sich mit Ewigem beschäftigen, um aktuell zu sein.»

Es sind nur wenige Worte im 1. Samuelbuch, die ich in Verbindung bringe mit unserer lebenslangen Aufgabe, unsere ureigene Berufung zu finden. David ist bereit für den Kampf mit Goliat. In dieser lebensbedrohlichen Situation ist es naheliegend, dass Saul dem David seine bewährten Lebenserfahrungen mitgeben will: «Dann gürtete er David mit seinem Schwert über seinem Waffenrock. David bemühte sich zu gehen, denn er hatte es noch nie versucht. Er erklärte Saul: Ich kann darin nicht gehen, weil ich es noch nie versucht habe. Da zog man es ihm wieder aus» (1 Sam 17,38–39).

Zwei biblische Verse, die mich monatelang, vielleicht ein Leben lang begleiten können, mit vielen lebensfördernden Fragen:

Was/wer engt mich ein? Was brauche ich, um mich schützen zu können? Wem dränge ich mit gutgemeinten Rat-schlägen meine Meinung auf? Wie gelingt es mir, lebensbehindernde Muster abzulegen? Wie kann ich entdecken, was mir angezogen wurde und was wirklich zu mir, zu meinem Sein gehört? Wie können wir in der Auseinandersetzung gegenseitig wachsen und reifen?

Fragen über Fragen, die biblische Texte zu herausfordernden Wegbegleitern werden lassen, um immer mehr in Gemeinschaft in die Antworten hineinwachsen zu können. David zeigt mir eine Spur auf. Durch die Konfrontation mit Saul entdeckt er, was ihn wirklich trägt, und er sieht das Naheliegende, das Alltägliche neu: «Er nahm seinen Stock in die Hand, suchte sich fünf glatte Steine aus dem Bach und tat sie in seine Hirtentasche, die ihm als Schleudersteintasche diente. Dann nahm er seine Schleuder in die Hand und ging dem Philister entgegen» (1 Sam 17,40). In der Aufgabe von einengenden Formen zeigt sich mir meine Lebensaufgabe neu.

Du
führst uns Menschen zusammen
um in der wohlwollenden Auseinandersetzung
den ureigenen Weg zu erkennen

Du
stärkst unser Selbstvertrauen
um im Frag-würdigen
lebensfördernde Antworten zu finden

Du
bist meine allerinnerste Mitte
die im unscheinbaren Alltag
als Quelle des Lebens aufscheint

ECHTE DANKBARKEIT AUSDRÜCKEN

«Darum will ich dir vor den Völkern danken, GOTT, lobsingen deinem Namen.»
2 SAMUEL 22,50

Auch in Zeiten voller Hoffnung und Zuversicht kann ich aufgewühlt werden durch das Leiden anderer Menschen. Auch in Zeiten voller Vertrauen und Dankbarkeit kann ich eine Verlorenheit spüren, Momente der Dünnhäutigkeit und der Melancholie. Ich verstehe mich selber nicht, und meine Überich-Stimmen nutzen diese Momente aus, um mich unter Druck zu setzen: «Wann bist du endlich zufrieden? Du hast allen Grund, dankbar zu sein für dein Leben, warum genügt das nicht? Wann bist du endlich ausgeglichen? ....» Aus dieser krankmachenden Gefangenschaft kann ich befreit werden durch biblische Dankgebete, die mir in aller Deutlichkeit aufzeigen, dass echte Dankbarkeit alle Lebenssituationen vertieft im dialogischen Ringen mit dem Urgrund allen Lebens. Diese Fülle finde ich auch im Dankgebet Davids am Ende des 2. Samuelbuches.

Danken heißt für David, das ganze Leben mit aller Schönheit und Widersprüchlichkeit anzuschauen, zur Sprache zu bringen, es in Gott zu verwurzeln. Da ist vom sicheren Heil die Rede und von den Wellen des Todes, von Streit und Gewalt und von der erhellten Finsternis. Echtes Leben in Fülle verwirklicht sich in der Annahme der Gefühlsschwankungen. Wenn ich meine inneren Stimmungen nicht bekämpfe, sondern sie mit Wohlwollen anschaue, dann können sie verwandelt werden. So geschieht echte Er-lösung von der Allmachtsfantasie, alles im Griff haben zu müssen. Befreiung und Weite zeigen sich mir: «Gott ist es, der mich mit Kraft gürtet und meinen Weg gefahrlos macht (2 Sam 22,33) ... du schufst Raum für meinen Schritt» (22,36).

Diese uralten biblischen Worte zeigen mir auf, dass zu einem echten Dankgebet auch Aggressionen und Rachegefühle gehören können. Dabei kann ich die Aussagen rund um die Feinde, wie «ich vertilge sie, ich vernichte sie, ich schlage sie nieder» (V. 38–39) nicht als Freipass für die Eskalation der Gewalt übernehmen. Ich sehe darin die Zusage, all meine Gefühle ernst zu nehmen, damit ich ihnen auch durch das Gebet Grenzen setzen kann im Vertrauen, dass «Schwerter zu Pflugscharen umgeschmiedet werden» (Micha 4,3). So wird der Glaube zu einer ganzheitlichen Erfahrung, in der Gottes Name nicht nur ausgesprochen, sondern mit Leib und Seele ausgedrückt wird.

Dankend
will ich mein Leben vertiefen in dir
im Wahrnehmen meiner Gefühle
damit sie verwandelt werden können

Dankend
will ich deine Versöhnungsspur entdecken
damit ich durch meine Aggressionen hindurch
mit anderen gewaltfrei Widerstand wage

Dankend
will ich unseren Handlungsspielraum erkennen
der unsere lähmende Ohnmacht aufbricht
um durch dich zur Hoffnung bewegt zu werden

Dankend
will ich mich erinnern
wie du immer schon die Gebeugten aufgerichtet
hast
um mit ihnen Mauern zu überspringen

ZWISCHEN VERUNSICHERUNG UND HOFFNUNG

«Elija aber ging einen Tagesmarsch weit in die Wüste hinein. Als er so weit gekommen war, ließ er sich unter einem Ginsterstrauch nieder, wünschte sich den Tod und sprach: Nun ist es genug, GOTT! Nimm meine Seele hin; ich bin ja nicht besser als meine Väter! Dann legte er sich hin und schlief ein. Auf einmal berührte ihn ein Engel und sprach zu ihm: Steh auf, iss! Als er hinblickte, siehe, da war zu seinem Kopf ein gerösteter Fladen und ein Krug Wasser.»

1 KÖNIGE 19,4–6

Als Bibliodramaleiter habe ich sehr gerne mit dem Elija-Zyklus im 1. Königsbuch gearbeitet. Diese biblischen Texte eröffnen den Teilnehmenden einen weiten Raum, um viele existenzielle Themen zu entdecken, die uns Menschen verbinden. In Elija begegnet uns ein verunsicherter Mann, der sich am Bach Kerit niederlässt und von Raben versorgt wird. Da können wir zutiefst angerührt werden durch die Erzählung des Mehl- und Ölwunders, das uns ermutigt, auch das wenige miteinander zu teilen, weil sich in jeder Geste der Menschlichkeit Gott neu ereignet in unserem Alltag. Eine neue Lebensqualität wird uns geschenkt, wenn wir die Angst des Misstrauens überwinden und auf einmal mehr als genug da ist: Elija sagt zur Witwe von Sarepta: «Fürchte dich nicht ... der Mehltopf soll nicht leer werden und der Ölkrug nicht versiegen» (1 Kön 17,13–14).

Mitten in das Buch der Geschichte Salomos, das Buch der Geschichte der Könige von Israel und das Buch der Geschichte der Könige von Juda mit all den verschiedenen Aufbruchsstimmungen und Ernüchterungen, sind eine Reihe von Einzelerzählungen rund um die Propheten Elija und Elischa eingefügt worden, um nebst der politischen Dimension des Glaubens den ganz persönlichen Glaubensweg zu konkretisieren. Ein Weg, der geprägt ist von Vertrauen und Zweifel, von Hoffnung und Verunsicherung, so wie wirkliches, authentisches Leben eben ist. Wer sich in Gott verwurzelt, der wird lebendig, solidarisch, kraftvoll und verletzlich. Die Erfahrungen des Propheten Elija zeigen uns in aller Deutlichkeit, wie die kämpferischen und die zarten Seiten zu jeder Menschwerdung gehören. So wagt sich Elija alleine in die Auseinandersetzung mit 400 Baalspropheten und gewinnt (1 Kön 18). Leider führt ihn der Sieg nicht zu Respekt und Toleranz, sondern zur himmelschreienden Tat der Abschlachtung der 400 Propheten. Eine Eskalation der Gewalt, die auf ihn selber zurückschlägt: danach wird er verfolgt. Deprimiert und erdrückt zieht er sich zurück in die Wüste. Er hat genug, ist kraftlos. Er kann nichts mehr vorweisen als sich selbst, und da rührt ihn ein Engel an und ermutigt ihn zum Aufbruch, damit er erkennen kann, dass Gott sich auch in einem «leisen, sanften Säuseln» (1 Kön 19,12) offenbart.

Im Bibliodramaspiel identifizieren sich die Teilnehmenden mit den Menschen, den Tieren, den Gegenständen, und auf einmal erkennen alle, dass Elija mit all seinen widersprüchlichen Seiten auch ein Teil von uns ist. Wer in echter Demut auch seine Rachegefühle zulässt, kann vom Friedensengel verwandelt werden zu einem solidarischen Menschen, der kämpft für eine gerechtere Welt.

Du
lässt uns durch die Schöpfung erfahren
wie wir genährt werden an Leib und Seele

Du
durchbrichst unsere Zukunftsangst
bewegst uns zum not-wendigen Teilen

Du
stiftest uns an zur zärtlichen Gerechtigkeit
im gewaltfreien Aufstand für das Leben

Du
zeigst dich uns in alltäglichen Wundern
die deine liebende Gegenwart spüren lassen

SEGEN UND FLUCH

«Da ging er hinaus zur Wasserquelle, warf das Salz hinein und sagte: So spricht GOTT: Ich mache dieses Wasser gesund; es sollen künftig kein Tod und keine Fehlgeburt daraus hervorgehen! Und das Wasser wurde gesund bis auf den heutigen Tag gemäß dem Wort, das Elischa gesprochen hatte.»
2 KÖNIGE 2,21-22

Mein Harmoniebedürfnis ist groß. Meine Sehnsucht nach Frieden in Gerechtigkeit ist noch größer. Mein Glaube an das Gute im Menschen erneuere ich jeden Tag. Die biblischen Texte bestärken mich auf diesem Hoffnungsweg, auch in der Zumutung, mich mit den Schattenseiten unserer menschlichen Existenz zu konfrontieren. Im Elischa-Zyklus im 2. Königsbuch kann ich dieser Spannung nicht ausweichen. Da begegne ich der segnenden Kraft, die uns zufließen kann, wenn wir transparent werden für die heilend-göttliche Dimension in unserem Leben.

Das schlechte Wasser einer Quelle wird gesund. Die Menschen atmen auf. Sie erfahren die Güte Gottes, mitten im Alltag (2 Kön 2,19–22). Schockiert bin ich bei der zweiten Tat des Elischa. Knaben verspotten ihn mit den Worten «Komm herauf, Glatzkopf. Er aber wandte sich um, schaute sie an und fluchte ihnen beim Namen GOTTES. Da kamen zwei Bären aus dem Wald und zerrissen zweiundvierzig von den Knaben» (2 Kön 2,24).

Wie können Segen und Fluch so nahe beieinander sein? Wie kann jemand so viel Gutes tun und kurz danach voll zerstörerischer Aggressivität sein? Wie kann das heilige Buch meiner religiösen Tradition so eine schreckliche Geschichte aufnehmen? Fragen über Fragen! Leider kenne ich diese Widersprüchlichkeit auch in meinem Leben, sehr oft ganz subtil.

Da kann ich Menschen mit größter Geduld und Wohlwollen begegnen und ein Plädoyer für Toleranz halten, und dann erschrecke ich über meine vernichtenden Gedanken, die ich den Rauchern am Nebentisch zuschleudere; ohne Worte, jedoch voll innerer Gewalt, weil ich nicht mitrauchen will. Da kann ich einen inneren Frieden spüren und beim Zeitungslesen mich ertappen, wie eine gewaltvolle Empörung mich besetzt, weil Topmanager einen Jahreslohn von 18 Millionen Schweizer Franken erhalten! Viele biblische Texte zeigen mir die ganze Palette menschlicher Gefühle auf. Sie ermutigen mich, groß von uns Menschen zu denken, weil wir als Gesegnete zum Segen werden können. Sie bestärken mich, unsere destruktiven Seiten wahrzunehmen, um ihnen nicht ausgeliefert zu sein und um sie durch Gott verwandeln zu lassen. Er kann auch auf krummen Linien gerade schreiben.

Du
weckst in uns deine heilende Kraft
die uns gesunden lässt an Leib und Seele

Du
konfrontierst uns mit unserer Zerrissenheit
die lebensgefährlich sein kann

Du
begleitest uns in unsere dunkelsten Abgründe
um uns zu erlösen von der Macht des Bösen

Du
erinnerst uns jeden Augenblick
wie wir segnend-heilend füreinander da sind

DAS WESENTLICHE IST EIN GESCHENK

«Darum unser Gott, preisen wir dich und rühmen deinen herrlichen Namen. Denn wer bin ich, und was ist mein Volk, dass wir die Kraft besaßen, solche Gaben zu spenden? Denn von dir ist alles und von deiner Hand spenden wir.»
1 CHRONIK 29,13

Ich schätze *Martin Buber* (1878–1965) sehr. Seiner Aussage, dass Erfolg keiner der Namen Gottes sei, kann ich allerdings nicht zustimmen. Die Parteinahme Gottes für die Kleinen, Gescheiterten und Entrechteten, die wir im Ersten und im Neuen Testament finden, ist für mich eine klare Option im Leben. Trotzdem meine ich, dass wir uns immer wieder mit Gott freuen dürfen, wenn uns etwas im Leben gelingt und wenn das Gute und die Gerechtigkeit sich durchsetzen. Entscheidend ist die Grundhaltung, in der wir empfangen und weiterschenken.

Im Dankgebet Davids am Ende des 1. Chronikbuches wird sichtbar, dass all die Spenden für den Tempelbau nur möglich geworden sind, weil Gott der wohltuende Lebensspender ist. Dieses Motiv wird entfaltet in diesem biblischen Buch, das voll von genealogischen Listen ist, um die Vergangenheit zu deuten. In dieser Rekonstruktion des Vergangenen wird sichtbar, was den Menschen in der Gegenwart wichtig ist. Da begegnen wir im Kapitel 21 der Volkszählung, die als Misstrauen gegenüber Gott gedeutet wird, weil sie wie eine Nachprüfung seiner Zusage nach Segen, nach Nachkommen verstanden werden kann. So heißt es im ersten Vers, dass der Satan David verführte, Israel zu zählen. Diese Interpretation könnte zum Kurzschluss führen, dass das Auflisten und Zählen gefährlich ist, weil es uns in den Zeiten des Erfolges stolz und überheblich werden lässt. Mich inspirieren diese Verse zu einem spirituellen Umgang mit Erfolg und Scheitern, denn beides gehört zu einem inneren Weg. So freue ich mich sehr und ich genieße es, wenn ich erfahre, dass meine Bücher über 1 000 000 Mal verkauft worden sind. Zugleich verinnerliche ich, dass der Erfolg mich nicht glücklich werden lässt, weil das Wesentliche im Leben ein Geschenk ist und mein Schreiben eine Gabe Gottes ist. In all den Situationen, in denen ich leide, dass so wenige ihr Leben betend vertiefen und sich für eine gerechtere Welt ein- und aussetzen, da erinnere ich mich an die Worte des Trappistenmönches *Thomas Merton* (1915–1968), die er einem jüngeren Pazifisten geschrieben hat: «Mache dich nicht selbst abhängig von der Hoffnung auf Erfolge. Du musst damit rechnen, dass all dein Bemühen womöglich fruchtlos bleibt oder sich ins Gegenteil auswirkt. Rechne mit dieser Möglichkeit. Wenn du dich daran gewöhnst, wirst du dich allmählich immer mehr auf den Wert, auf das Richtigsein, auf die Wahrheit deiner jeweiligen Arbeit konzentrieren, und immer weniger auf ihre Ergebnisse.»

Dich
loben und preisen
im dankbaren Annehmen der Gaben
die zum Wohle der Gemeinschaft entfaltet werden

Dich
erkennen als Lebensspender
im Staunen über all das Gelungene
das aus deinem tiefsten Grund stammt

Dich
suchen und erahnen
in kargen Zeiten des Zweifelns
als beharrliche Hoffnungskraft

Dich
entdecken und feiern
als Quelle des Vertrauens
als Weg der Gerechtigkeit

EIN HÖRENDES HERZ

«Verleihe mir Weisheit und Einsicht, damit ich vor diesem Volk aus- und eingehen kann! Denn wer könnte sonst dieses mächtige Volk leiten? Da antwortete Gott Salomo: Weil du dies im Sinn hast und nicht um Reichtum, Schätze und Ruhm oder um den Tod deiner Feinde und auch nicht um ein langes Leben gebeten hast, sondern um Weisheit und Einsicht, damit du mein Volk leiten kannst, über das ich dich zum König bestellt habe, so sollen dir Weisheit und Einsicht verliehen werden. Doch auch Reichtum, Schätze und Ruhm will ich dir geben, wie sie kein König vor dir gehabt hat und auch nach dir keiner haben wird.»

2 CHRONIK 1,10-12

Die ergreifenden Tagebücher einer knapp dreißigjährigen Jüdin, die in Auschwitz ermordet wurde, bewegen mich immer wieder zutiefst. *Etty Hillesum* (1914–1943) nennt ihre Gedanken «Das denkende Herz». Sie beschreibt mit großer Offenheit und Weitsicht, was wirklich trägt im Leben: «Horchen auf das, was in einem selbst quillt ... Die einzige Gewissheit, wie du leben sollst und was du tun musst, kann nur aus dem Brunnen aufsteigen, der aus deiner eigenen Tiefe quillt ... Mystik muss auf kristallklarer Ehrlichkeit beruhen. Nachdem man zuvor die Dinge bis zur nackten Realität erforscht hat.» Die Spuren zu dieser Gabe der Weisheit finde ich auch bei Salomo. Er bittet um ein «hörendes Herz» (1 Kön 3,9). Im alten Israel ist das Herz nicht primär der Sitz der Gefühle oder der Liebe, sondern vor allem der Sitz der Vernunft und des Verstandes. Heute sprechen wir von emotionaler Intelligenz, die ermutigt, der Stimme des Herzens zu folgen. Denn ein echter Weg der Innerlichkeit, der Gegensätze vereint, führt in die Weite.

Bei Salomo wird diese Weite sichtbar, indem er mit den Bäumen und Vögeln im Gespräch ist (1 Kön 5,9–14), kritische Fragen stellt – «Soll nun Gott wirklich bei den Menschen auf der Erde wohnen» (2 Chr 6,18) – und Gott bittet, auch das Gebet des Fremden zu erhören: «wenn Fremde kommen und in diesem Haus beten, dann höre du vom Himmel, wo du wohnst, und gewähre alles, worum der Fremde zu dir ruft, damit alle Völker der Erde deinen Namen anerkennen ...» (2 Chr 6,33). Echte Lebensweisheit zeigt sich auch im ehrlichen Umgang mit der Vergangenheit, indem die Schattenseiten nicht ausgeklammert werden.

Die Vielfalt der biblischen Texte ermutigt uns dazu. *Ruth Lapide* (geb. 1929) sagt es kurz und bündig: «Das ist das Schöne an der Bibel: Sie stellt auch die Negativseiten der Menschen dar – selbst die der Helden. Ich glaube, dass Salomo wirklich klug war und auch raffiniert. Ich kann mir gut vorstellen, dass er wie sein Vater dichterisch begabt war. Aber er wird dennoch sehr gerügt in der jüdischen Tradition.» Ich wünsche mir in unserer Gesellschaft jene Lebensweisheit, die Anerkennung und Kritik fördert, zum Wohle der ganzen Gemeinschaft.

Du
ermutigst uns jeden Tag
einen Weg in die Tiefe zu wagen
um dir begegnen zu können
in Selbsterkenntnis und Solidarität

Du
bestärkst uns immer wieder
der Stimme unseres Herzens zu folgen
im gemeinsamen Ringen
um die Unterscheidung der ‹Geister›

Du
führst uns in die Weite
zu den suchenden Menschen
die dürsten nach deiner Gerechtigkeit
die hungern nach deiner Barmherzigkeit

UNSERE AUGEN AUFLEUCHTEN LASSEN

«Mein Gott, ich bin beschämt und von Schande überwältigt, meine Augen zu dir, mein Gott, zu erheben. Denn unsere Sünden sind uns über den Kopf gewachsen und unsere Schuld reicht bis zum Himmel.»

ESRA 9,6

In einer Straßenbahn in Hannover bemerke ich eine Frau, die mit einer großen, leeren Gießkanne unterwegs ist. Ein unscheinbares Bild mitten im Alltag lässt mich nicht mehr los. Ich bringe es in Verbindung mit unserem großen Durst nach Lebendigkeit, nach Gerechtigkeit und Versöhnung. Es sind jene zentralen Lebenswerte, die wir weder kaufen noch machen können. Sie werden uns geschenkt, wenn wir ehrlich mit uns selber sind, wenn wir leer werden, wenn wir wie ein offenes Gefäß unterwegs sind, um immer wieder neu erfüllt zu werden von der unendlichen Liebe Gottes. Diese Spur entdecke ich auch im Buch Esra, das von der Rückkehr aus der Verbannung erzählt und von jener befreienden Selbsterkenntnis, die aufrichtet zur Hoffnung.

Auch uns ist vieles über den Kopf gewachsen, und wir werden die Geister der Machbarkeit und des Leistungsdruckes nicht mehr los, sie prägen uns ganz subtil jeden Tag, verstärken unsere innere Unruhe und unsere Entsolidarisierung. Himmelschreiend ist die Tatsache, dass jeden Tag so viele Menschen verhungern, obwohl genug Nahrung für alle da ist. In all den ungerechten Strukturen und in all den menschenverachtenden Aufrüstungsmechanismen, die Krieg und Gewalt weltweit verstärken, können uns wenige Worte aus dem Buch Esra aufrichten: «Unser Gott ließ unsere Augen aufleuchten und uns ein wenig aufleben. Denn wir sind zwar Knechte, aber unser Gott hat uns in unserer Knechtschaft nicht verlassen» (Esra 9,8). Unsere Augen werden aufleuchten, wenn wir unsere Welt nicht schönreden, sondern uns unsere subtile Versklavung an den Götzen Mammon eingestehen. Wir werden aufleben zu einem gemeinsamen Glaubensweg, der sich in der Spannung von Barmherzigkeit und Gerechtigkeit entfaltet. Wir werden heimkehren zur Menschlichkeit, wenn wir uns nicht abfinden mit der zunehmenden Armut in unserem Umfeld und wenn wir den Mut haben, uns wie Jesus auf die Seite der Verliererinnen und Verlierer zu stellen.

Das Bild der Gießkanne begleitet mich auf diesem Gerechtigkeitsweg. Es stiftet mich an, mit anderen den Durst und Hunger nach der Liebe Gottes wachzuhalten und im Alltag immer neu zu buchstabieren, nach jener Liebe, die uns über den Tod hinaus verbindet mit allen Menschen, die im Sterben Heimat gefunden haben in Christus. Diese Hoffnung lebt auch durch die Frau mit der leeren Gießkanne, die beim Friedhof aussteigt ...

Du
führst uns zurück
zur Quelle der Gerechtigkeit
im Schwimmen gegen den Strom

Du
lässt unsere Augen aufleuchten
in jenen schweren Momenten
in denen wir leiden an all der Ungerechtigkeit

Du
sprichst uns unermüdlich zu:
ich nenne euch nicht mehr Knechte
sondern Freunde und Freundinnen

Du
bestärkst uns zur Leere
damit deine Fülle uns
bewohnen und beflügeln kann

WIDERSTAND WAGEN

«Und Nehemia sagte zu ihnen: Wir haben unsere jüdischen Stammesbrüder, die den Heiden verkauft waren, nach besten Kräften losgekauft. Ihr aber wollt sogar eure eigenen Stammesbrüder verkaufen, damit wir sie loskaufen! Sie schwiegen und fanden keine Worte. Weiter sagte ich: Nichts Gutes war es, was ihr getan habt. Wollt ihr nicht das Gebot unseres Gottes einhalten, um so dem Spott der Heidenvölker, unserer Feinde, zu entgehen?»

NEHEMIA 5,8–9

«Da, wo ich herkomme, gibt es keinen Gott!», sagt Abbé Henri Kremer im eindrücklichen Film «Der neunte Tag» von *Volker Schlöndorff*. Dieses reife Filmwerk ist inspiriert von den Tagebucheinträgen des luxemburgischen Priesters *Jean Bernhard* (1907–1994), der den Pfarrerblock 25487 in Dachau überlebt hat, in dem etwa 3000 Priester aus ganz Europa inhaftiert worden waren. Sein KZ-Aufenthalt war unterbrochen von einer Fahrt nach Luxemburg, wo er als Werkzeug der SS seinen Bischof zur Kollaboration mit den Nazis bewegen sollte.

Abbé Henri gerät in einen extremen Gewissenskonflikt, in dem es nicht nur um sein Leben, sondern auch um das Leben seiner Mitbrüder im KZ und seiner Familie geht. Diese innere Gratwanderung wird in diesem aufwühlenden Film durch die Auseinandersetzungen mit dem Gestapo-Chef von Luxemburg verstärkt, der sich als gläubiger Christ bezeichnet und überzeugt ist, dass es einen Judas braucht für die Heilsgeschichte! Treue, Versuchung, Verrat, Hingabe sind jene existenziellen Lebensthemen, die zu jeder Menschwerdung gehören. Sie begegnen mir auch im Buch des Statthalters Nehemia, der Widerstand wagt gegen die unwürdige Versklavung von Menschen. Er ist nicht bereit, seine Seele zu verkaufen. Die beiden Bücher Esra und Nehemia erzählen von der heilvollen Wende in der Geschichte des Gottesvolkes nach dem Babylonischen Exil. Die Glaubwürdigkeit dieser Wende wird sichtbar im unbequemen Einsatz für eine gerechtere Welt.

In den himmelschreienden Nächten der Gewalt und Ungerechtigkeit, der Widerwärtigkeit und der Brutalität ereignet sich Gottes Nähe in unserem Widerstand für die Würde aller Menschen. Auch Henri Kremer geht zurück in die Hölle von Dachau. Er nimmt eine Wurst mit und verteilt sie Scheibe um Scheibe. Worte können nicht ausdrücken, wie wundervoll nährend diese Kommunion ist, mitten in der dunklen Nacht der Seele.

Du
führst uns in der Versuchung
durchwanderst mit uns
das finstere Tal der Zweifel

Du
nährst uns unerwartet
mit der Kraft der Mitmenschlichkeit
in Zeiten lähmender Ohnmacht

Du
bewegst uns zum Widerstand
stärkst unser Rückgrat
für eine gerechtere Welt

Du
bist unser tiefster Hoffnungsgrund

BEGLEITET SEIN

«Der Engel aber sagte zu ihnen: Fürchtet euch nicht! Friede sei mit euch. Preist Gott in Ewigkeit! Denn nicht aus persönlicher Gnade, sondern nach dem Willen unseres Gottes bin ich gekommen. Darum preist ihn alle Tage, denn ihm gebührt der Lobgesang.»

TOBIT 12,17–18

Beglückend sind für mich jene Momente im Leben, in denen ich die göttliche Hoffnungsspur in meinem Unterwegssein erkenne. In kargen und harten Durststrecken entdecke ich sie oft erst im Nachhinein. Diese existenzielle Grunderfahrung wird in der eindrücklichen Weggeschichte von Tobias und seinem Begleiter Rafael entfaltet. Rafael gibt sich erst am Ende des Buches als Bote Gottes zu erkennen, obwohl er immer schon da war, in guten und in schlechten Zeiten. Seine Begleitung bleibt wegweisend, weil er die Probleme von Tobias nicht selber löst, sondern ihn ermutigt und stärkt. Als Tobias beim Baden von einem großen Fisch überrascht wird, stürzt sich Rafael nicht in die bedrohliche Situation hinein, sondern er ruft ihm «nur» zu: «Pack ihn» (Tobit 6,3).

Je komplexer und lebensbedrohlicher eine Situation ist, umso mehr braucht es eine gesunde Distanz, die voll von Mitgefühl ist. Die einzigartige Würde jedes Menschen zeigt sich im Auferwecken der eigenen Kräfte, die manchmal verborgen und zugeschüttet sein können. «Jeder Engel ist schrecklich», schreibt mein Lieblingsdichter *Rainer Maria Rilke* (1875–1926). Ein echter Engel schont uns nicht, sondern er wirft uns auf uns selbst zurück, auf unseren tiefsten Grund, da, wo Christus wesentlich in uns gegenwärtig ist. Wir können einander Engel sein, indem wir einander aufmerksam machen auf den Kreuz- und Auferstehungsweg in unserem ureigenen Weg. Dieses Geschenk erfahre ich zum Beispiel im Lesen der eindrücklichen Tagebuchnotizen von *Marie Noël* (1883–1967), die mitten in einer kleinbürgerlichen Welt die Weite des Glaubens erfahren hat. Ihr Ringen, ihre Selbstironie, ihr Hoffen bestärken mich zu einer engagierten Gelassenheit: «Und wenn ich mich heute umdrehe, um zurückzuschauen, sehe ich mein Werk in all meinen traurigen Jahren, in all meinen geduldig getragenen Dunkelheiten und in all meinem täglichen Elend, umgeben von meinen Mängeln, behindert durch Schwäche, verhindert durch tausend Hemmnisse, o mein Gott, und bis am Ende werde ich immer wie eine Gebrechliche den göttlichen Weg an Eurer Hand gegangen sein.»

Du
begleitest uns in all unseren Erfahrungen
bist uns näher als wir uns selber sind
wohnst und wirkst wesentlich in uns

Du
offenbarst dich auch durch uns
im gemeinsamen Aushalten von Schmerz
im staunenden Feiern des Lebens

Du
erweckst in uns heilende Kräfte
im Mitteilen von Hoffnungsgeschichten
im Aufbruch zur Menschlichkeit

MENSCHEN MIT RÜCKGRAT

«Denn nicht in der Menge ruht deine Kraft noch deine Macht in den Starken. Vielmehr bist du ein Gott der Demütigen und ein Helfer der Geringen, ein Beistand der Schwachen, ein Beschützer der Verstoßenen und ein Retter der Verzweifelten.»
JUDIT 9,11

Bettina Wegner (geb. 1947) hat 1978 in der damaligen DDR ihr Lied «Kinder» komponiert, das bis heute höchst aktuell ist. Sie singt: «Sind so kleine Seelen, offen und ganz frei. Darf man niemals quälen, gehen kaputt dabei. Ist so'n kleines Rückgrat, sieht man fast noch nicht. Darf man niemals beugen, weil es sonst zerbricht. Grade, klare Menschen wär'n ein schönes Ziel. Leute ohne Rückgrat hab'n wir schon zuviel.»

Im biblischen Buch Judit, das kein historisches Geschehen berichtet, sondern eine romanhafte Lehrerzählung ist, begegne ich einer Frau mit Rückgrat. In Handeln Judits verdichtet sich die Grundhaltung des Volkes Israel, das sich weigert, seine Seele an Nebukadnezzar zu verkaufen, weil es nur einen einzigen wahren Gott gibt. Judit ist eine Widerstandskämpferin, die Holofernes den Kopf abschlägt. In einer Zeit der grausamen Unterdrückung taucht immer wieder die Frage nach dem Tyrannenmord auf. So haben nach *Dietrich Bonhoeffer* (1906–1945) die Kirchen die Pflicht, dem Rad der Geschichte «in die Speichen zu fallen». Das Buch Judit handelt von dieser Frage unter zwei Aspekten. In einer spannenden Erzählung lernen wir die Handlung dieses Befreiungsschlages kennen, die durch Reden und Gebete vertieft und reflektiert wird. Gewalt und Krieg werden nicht idealisiert, sondern sogar kritisch hinterfragt. Im Zentrum steht ein Gott, «der den Kriegen ein Ende setzt» (Judit 9,7) und zugleich kämpft für die Schwachen und Hilflosen. Die Spannung zwischen Gewalt und Gewaltlosigkeit bleibt in diesem Buch. Auch wenn ich mich einem gewaltlosen Widerstand verpflichtet fühle – inspiriert durch *Mahatma Gandhi* und *Martin Luther King* –, so bin ich beeindruckt von der Zivilcourage von Judit. Sie findet sich nicht ab mit Ungerechtigkeit und lässt sich nicht gefangen halten in einer Lebenseinstellung der Angst. Sie ermutigt mich zum Kampf gegen die Götzen Geld und Macht. Ich will ihn mit anderen gewaltfrei wagen. In Kirche und Gesellschaft brauchen wir Menschen mit Rückgrat, die dank ihrer Gottesverwurzelung mit innerer Freiheit sich für Frieden in Gerechtigkeit ein- und aussetzen.

Du
bist jene heilige Unruhe in uns
die im gewaltfreien Widerstand
mitgestaltet an einer gerechteren Welt

Du
erinnerst uns jeden Tag neu
wie du Partei ergreifst für die Schwachen
in all den weltweiten Friedensinitiativen

Du
hast immer schon die Gebeugten aufgerichtet
in der anspruchsvollen Gratwanderung
von Widerstand und Ergebung

Du
bist unsere hoffnungsstiftende Auferstehungskraft

DIE GABE DER KLUGHEIT

«Mordechai ließ Ester zurückmelden: Glaub nur nicht, du allein würdest von allen Juden gerettet, bloß weil du im Königspalast lebst! Vielmehr, wenn du in dieser Zeit schweigst, wird den Juden Errettung und Befreiung von anderswo erstehen.»
ESTER 4,13–14

Ethnische Säuberungen sind leider bis heute eine bedrückende Wirklichkeit. Das Buch Ester erzählt vom Judenfeind Haman, der von König Artaxerxes einen Erlass erhält, um die in Persien lebenden Juden auszurotten. Dank der Vermittlung von Ester, die zusammen mit ihrem Pflegevater Mordechai sich wehrt, kann das Schlimmste verhindert werden. Das Buch Ester, das mit geschichtlichen Tatsachen sehr frei umgeht, ist eine novellistische Erzählung mit märchenhaften Zügen. Es brauchte lange, bis das Buch in die Bibel aufgenommen wurde, das Wort «Gott» kommt darin nicht vor. Es wird später in der griechischen Fassung, in den Gebeten von Mordechai und Ester, ausgesprochen. Für die Rabbiner ist im Schlüsseltext des Buches (4,13–17) Gott gemeint, wenn Mordechai seiner Pflegetochter am Königshof zurückmeldet, es werde Hilfe und Rettung von anderswoher kommen, wenn sie nicht Hilfe bringe. Denn Ester hat zuerst aus Klugheit ihren jüdischen Ursprung verschwiegen. In Grenzsituationen unseres Lebens brauchen wir die Gabe der Klugheit. Der Jesuit *Niklaus Brantschen* (geb. 1937) nennt sie in seinem Buch «Vom Vorteil, gut zu sein. Mehr Tugend, weniger Moral» (München 2005) die Lenkerin aller Tugenden. Der kluge Mensch ist nicht obrigkeitsgläubig, sondern folgt dem eigenen Gewissen. Bevor er handelt, horcht er auf seine innere Stimme: «Um es kurz zu sagen: Es gibt einen Ort in mir, wo ich mit Gewissheit weiß, wer ich bin und was ich zu tun und zu lassen habe. Dieses Mitwissen *(lat. conscientia)* oder Gewissen gibt präzise wieder, was gemeint ist. Im Gewissen habe ich einen Verbündeten, vorausgesetzt, ich bin still und achtsam genug, seine Stimme zu vernehmen.»

In der spannenden Erzählung des Buches Ester wird dieser innere Prozess entfaltet, der zu einem mutigen Handeln führt. Darin begegnen wir auch den Feindseligkeiten und dem Judenhass, der immer noch nicht überwunden ist. Die Befreiungstat von Ester wird im jüdischen Kalender am *Purimfest* gefeiert, dessen Entstehung im neunten Kapitel des Buches erklärt wird: «Haman hatte das ‹Pur›, das ist das Los, geworfen, um sie zu vertilgen und zu vernichten» (Ester 9,24). Das Purimfest trägt karnevalistische Züge und wird von den Kindern sehr geschätzt. Jene Teile des Esterbuches, die von der geplanten Vernichtung der Juden berichten, werden mit der Schoa in Verbindung gebracht. Sie sind auf der ganzen Welt aktuell, wo ethnische Verfolgungen geschehen. Sie machen Mut, sich tatkräftig zu solidarisieren mit allen Minderheiten. Darin findet sich in der Tat der Name Gottes, der Befreiung bewirkt.

Du
ermutigst uns zum Weg
in den eigenen Seelengrund
wo du wohnst und in uns sprichst

Du
bestärkst uns mit Klugheit
uns hinauszuwagen
in den Kampf der Gerechtigkeit

Du
führst uns in den Festsaal
um uns zu erinnern
wie du befreist aus Unterdrückung

Du
bist unser Urvertrauen

TIEFES GOTTVERTRAUEN

«Als der zweite Bruder in den letzten Zügen lag, sagte er zum König: Du Verbrecher! Du kannst uns das irdische Leben rauben. Aber der König des Weltalls wird uns zu einem ewigen Leben auferwecken, da wir für seine Gesetze sterben.»
2 MAKKABÄER 7,9

Die jüdische Dichterin *Hilde Domin* ist am 22. Februar 2006 gestorben. Ihre Gedichte bewegen mich, rühren mich an und inspirieren mich für eine biblische Spiritualität. Ich will die begabte Dichterin für nichts vereinnahmen, sondern einzig meine tiefe Dankbarkeit ausdrücken für ihre vielen Gedichte der «Dennoch-Hoffnung». *Ilka Scheidgen* nennt sie in ihrer neuen Biografie die «Dichterin des Dennoch». Im eindrücklichen Dokumentarfilm «Ich will Dich – Begegnungen mit Hilde Domin» von *Anna Ditges* entdecken wir in den Gesprächen mit Hilde Domin, die kurz vor ihrem Tod aufgenommen wurden, ein bewegendes Ringen um Urvertrauen. In ihrem tiefsinnigen Gedicht «Bitte» finden sich biblische Motive, die von Grenzsituationen des Lebens erzählen. Hilde Domin mahnt uns, dass die Bitte, verschont zu bleiben, nicht taugt. Wer lebendig und solidarisch ist, bleibt verwundbar. Ihr Gedicht «Bitte» schließt mit den Zeilen:

Und daß wir aus Flut,
daß wir aus der Löwengrube und dem feurigen
Ofen
immer versehrter und immer heiler
stets von neuem
zu uns selbst
entlassen werden.

Die beiden Bücher der Makkabäer erzählen von der Widerwärtigkeit, die Menschen anderen Menschen antun können, wie dies im Martyrium der sieben Brüder und ihrer Mutter verdichtet wird (2 Makk 7). Die eindrücklichen Texte lehren mich, die große Spannung des Lebens aufrechtzuerhalten. Jene Spannung, die himmelschreiende Brutalität benennt und ausdrückt und zugleich von einer ver-rückten Hoffnung in aller Hoffnungslosigkeit erzählt, die in einem tiefen Gottvertrauen verwurzelt ist. Da werden wir ermutigt in unseren dunklen Nächten des Glaubens zu schreien und zu zweifeln, um dadurch das leise Anbrechen eines Auferstehungsmorgens zu erahnen. Im Leben und im Sterben werden wir in Christus hineingeboren, um zu uns selbst entlassen zu werden.

Du
schreist durch uns
schenkst uns Worte der Empörung
die unser Vertrauen ins Leben stärken

Du
leidest mit uns
lässt uns Gesten der Anteilnahme finden
die unsere Hoffnung entfalten

Du
stehst auf in uns
lässt uns gewaltfreie Zeichen des Widerstands wagen
die deine leidenschaftliche Liebe zeigen

LEIDENSCHAFTLICH LEBEN

«Ich aber weiß: Mein Anwalt lebt, selbst wenn er sich als Letzter aus dem Staub erhebt.»
IJOB 19,25

Die Frage nach dem Leiden und der Ungerechtigkeit begleitet mich in meinem Leben. Schon als zehnjähriger Knabe konnte ich mich gar nicht richtig freuen über meine guten Noten in der Schule. Ich empfand es als ungerecht, dass einige Mitschüler/innen schlechtere Noten hatten als ich, obwohl sie viel mehr gelernt hatten. Der Anfang meiner tiefen Empörung gegen das Leid und mein verstecktes Hadern mit Gott geschah bei der Beerdigung eines dreijährigen Kindes. Ich stand als Messdiener am Grab und hielt die Spannung kaum aus. Es schrie in mir in voller Wucht, weil die Worte aus dem Buch Ijob «Der Herr hat gegeben, der Herr hat genommen, der Name des Herrn sei gepriesen» (Ijob 1,21) in mir einen körperlich-seelischen Schmerz der Auflehnung auslösten.

Jahrelang blieb ich alleine mit diesem Schmerz, er bedrängte mich immer mehr, und er wurde eine Hauptmotivation zum Theologiestudium. In dieser Zeit habe ich viele Bücher zum Thema «Gott und das Leid» gelesen, ohne eine klare Antwort zu finden. Ich habe gelernt, dass das Buch Ijob nicht aus einem Guss ist und die Rahmenerzählung (1,1 – 2,10 und 42,7–17) sich vom Hauptteil (3,1 – 42,6) mit der Klage Ijobs, den drei Redegängen seiner Freunde und den zwei Gottesreden sehr unterscheidet. Da begegne ich nicht nur dem gottergebenen Beter, sondern zum Glück auch dem aufbegehrenden Rebellen. In diesem Ringen nach Worten, mit all den Wiederholungen, erahne ich einen therapeutischen Prozess, der schmerzvoll-heilend bewirken kann, dass wir als Liebende fragend bleiben werden. Das Buch Ijob, die Psalmenspiritualität, die Trauer und der Zorn Jesu am Grab vom Lazarus, der Schrei Jesu am Kreuz eröffnen mir eine Mystik des Schreies. Wir brauchen mehr denn je Klage-, Schrei- und Trauerräume, in denen wir leidenschaftlich leben und glauben können. Das hebräische Wort *go'el* (der Löser/Anwalt) verweist mich auch auf diese spirituelle Dimension. Es gibt keine Lösung zum Denkproblem «Leiden», wir werden nicht vom Leben, sondern zum Leben erlöst.

Christus er-löst mich von der Allmachtsfantasie, zu schnell tröstende Worte auszusprechen. Er leidet und schreit in all den Leidenden. Durch ihn und mit ihm versuche ich, Tag für Tag, mein Möglichstes zu tun, um Leiden zu verhindern und zu mildern, und zugleich versuche ich, alltäglich zu verinnerlichen, dass es keine Liebe ohne Leiden gibt.

Du
schreist in uns
stärkst in uns die Leidenskraft
um mitfühlend und mithoffend
mitten im Leben zu stehen

Du
löst uns von der Vorstellung
über den Dingen stehen zu müssen
weil du selber mittendrin bist
in unserem Zweifeln und Lieben

Du
stehst auf in uns
im Kampf für Gerechtigkeit
im Aushalten von Schmerz
im leidenschaftlichen Mitsein

Du
erlöst uns zum Leben in Fülle
im Lachen und Weinen
im Ringen und Vertrauen
im Sterben und Auferstehen

DEN WEG IN DIE TIEFE WAGEN

«Denn bei dir ist die Quelle des Lebens,
in deinem Licht schauen wir das Licht.»
PSALM 36,10

«Ich habe die Nacht einsam hingebracht und schließlich die Psalmen gelesen, eines der wenigen Bücher, in dem man sich restlos unterbringt, mag man noch so zerstreut und ungeordnet und angefochten sein», schreibt *Rainer Maria Rilke* (1875–1926) in einem Brief an seinen Verleger. Mein Lieblingsdichter schreibt mir aus dem Herzen. Ich bringe mich und mein Leben in all seiner Schönheit und Verlorenheit in den Psalmen unter. Ich verdanke den Psalmen viel, sie beleben meine Spiritualität und fordern sie heraus. Obwohl sich darin viele problematische Gottesbilder finden, von denen ich mich distanziere, so bleibt ein befreiendes Grundgefühl.

Als junger Erwachsener haben mir diese Gedichte einen therapeutischen Zugang zum Gebet eröffnet, weil mit allen Dimensionen des Lebens ein Weg in die Tiefe gewagt wird. Da wird nichts zensuriert, sondern auch alle unerträglichen Grenzsituationen unserer Existenz, all unsere Schattenseiten werden zur Sprache gebracht. Die Fülle der Emotionen und der Erfahrungen, die im Urgrund allen Lebens vertieft werden, erinnern mich an die wunderbaren Worte von *Teresa von Ávila* (1515–1582): «Beten ist nichts anderes als ein Verweilen bei einem Freund, mit dem wir oft und gern zusammenkommen, um mit ihm zu reden, weil wir sicher sind, dass er uns liebt.»

Während fünfzehn Jahren habe ich alle 150 Psalmen neu geschrieben, indem ich «nur» einen Psalmvers mitgenommen habe in meinen Alltag, in die Begegnungen mit den Menschen und der Schöpfung, um ihn hineinzuweben in mein Leben. So ist mein erstes Buch entstanden, in dem alles ins Gebet genommen wurde (jetzt als «Mein Leben kreist um Dich. Mit den Psalmen die eigene Mitte finden», München 2009). Dieser Prozess hat meine biblisch-mystische Spiritualität sehr geprägt. Sie lebt aus der befreienden Einsicht, dass ich mich neben aller kritischen Auseinandersetzung mit der Komplexität der biblischen Bücher immer wieder frage, was mich in der Tiefe wirklich nährt, was wesentlich ist im Leben und mich zur Quelle und zum Licht führt.

Du
bist die Quelle meines Lebens
sprudelst als lebensbejahende Kraft
in meinen Lebenssituationen

Du
bist das Licht meiner Tage
scheinst auf als Hoffnungsfunke
in meinen Begegnungen

Du
bist der Weg in die Tiefe
durchwanderst mit uns
das dunkle Tal des Schmerzes

Du
bist der Grund unseres Vertrauens
stiftest uns an zum Verweilen
weil dein Segen genügt

WEISHEITSWORTE

«Strahlende Augen erfreuen das Herz,
eine gute Nachricht labt den Leib.
Ein Ohr, das auf lebenserhaltende Mahnung hört,
hält sich im Kreis der Weisen auf.»
SPRICHWÖRTER 15,30–31

Das Karl-Valentin-Museum im Isartor in München habe ich schon einige Male besucht. Ich mag die tiefsinnig-humorvollen Worte dieses originellen Menschen. Seit meinem letzten Besuch trage ich folgende Worte von *Karl Valentin* (1882–1948) mit mir herum: «Wir können unsere Kinder nicht erziehen. Sie machen uns eh alles nach!»

Dieser Satz löst einiges bei mir aus. Zuallererst entlastet er mich, denn er befreit zur Bescheidenheit. Auch wenn ich mein Bestes gegeben habe, bleibt mein Tun bruchstückhaft und unvollkommen. Danach beunruhigt er mich, weil mein Lebenscredo aus der Hoffnung lebt, dass wir uns immer wieder zum Guten verwandeln können, und ich mein Menschenbild nicht fixieren will auf das Sprichwort «Der Apfel fällt nicht weit vom Stamme». Dann verändere ich ihn zu folgender Aussage: Wir können unsere Kinder begleiten, wenn wir uns auch von ihnen begleiten lassen. Ich wünsche mir ein gemeinsames Unterwegssein, das von einer gegenseitigen Wertschätzung genährt wird, die unsere Augen strahlen lässt, damit es uns warm ums Herz wird und wir im Zuhören zu uns selbst, zueinander und zum lebendigen Gott der Liebe finden.

In unserer Welt, in der immer mehr das Neue, das Schnelle, das Machbare zählen, brauchen wir hoffnungsstiftende Weisheitsworte, die verschiedene Generationen und Kulturen zueinander führen. Wir leben nicht vom Wissen allein. Weisheitliche Menschen brauchen wir, die auf Leib, Geist und Seele achten. Die biblische Weisheitsliteratur kann uns inspirieren, uralte Werte und Tugenden neu zu entdecken und im Alltag zu leben. Die Fülle der biblischen Sprichwörter mit all ihren Widersprüchlichkeiten fördert jene Toleranz, die Gemeinsamkeiten und Verschiedenheiten respektiert. Sie fordert uns heraus zum Bibelgespräch, damit wir miteinander in Verantwortung und Freiheit suchen können, was unser Vertrauen in das Leben fördert. Sie bestärkt zum offenen, klaren und konfliktfähigen Gespräch: «Wer mit den Augen zwinkert, verursacht Leid, wer offen tadelt, stiftet Frieden» (Spr 10,10).

Du
bist unsere Weisheit
öffnest unsere Augen
für das Wesentliche
das wirklich trägt und nährt

Du
bist unsere Hoffnung
bewegst uns zum Finden
uralter Weisheitsworte
die Respekt und Toleranz fördern

Du
bist unser Vertrauen
strahlst durch unsere Augen
kämpfst durch unseren Widerstand
liebst durch unsere Herzen

ECHTE DEMUT

«Sieh, dies habe ich als einziges gefunden:
Gott hat die Menschen aufrichtig geschaffen;
aber sie versuchen sich in vielerlei Berechnungen.»
KOHELET 7,29

Ich liebe das Buch Kohelet mit seinen Fragen nach dem Ganzen, mit seinem existenziellen Suchen nach dem Wesentlichen und mit seiner Erkenntnis, dass «alles Windhauch» (Koh 1,2) ist. «Windhauch» gehört zu den bildhaften Ausdrücken, die in der hebräischen Dichtung die Endlichkeit, die Zerbrechlichkeit und die Vergänglichkeit des Menschen umschreiben. Das Buch wurde um die Mitte des dritten Jahrhunderts vor Christus in einer Zeit großer ökonomischer und politischer Krisen verfasst, die auch weisheitliche Grundüberzeugungen wie den «Ursache-Wirkung-Zusammenhang» infrage stellten. Kohelets Ermutigungen zur Bescheidenheit sind von großer Aktualität, weil sie uns erinnern, dass all unser Wissen begrenzt ist und dass es zur Grundaufgabe jedes Menschen gehört, seine Grenzen anzunehmen.

Kohelet erteilt allen Allmachtsfantasien eine Absage. Zugleich zeigt er auf, wie wir das Leben genießen können, wenn wir unsere Endlichkeit annehmen. Problematisch wird diese Lebenseinstellung, wenn vorgegebene Strukturen einfach hingenommen werden und Ungerechtigkeit akzeptiert wird: «Siehst du im Land Unterdrückung des Armen und Entzug von Recht und Gerechtigkeit, so wundere dich über die Sache nicht: Über den Hohen wacht ein Hoher und über beiden noch Höhere. Auf jeden Fall ist es ein Vorteil für das Land, wenn ein König dafür sorgt, dass das Feld bebaut wird» (Koh 5,7–8). Diese gefährliche Schlagseite muss mir bewusst sein, wenn mich viele Worte Kohelets zu einer echten Demut bestärken können, zur Annahme der Unvollkommenheit, die nicht mit Fatalismus verwechselt werden darf.

Echte Demut (lateinisch *humilitas* bedeutet «erdverbunden») darf nicht mit Feigheit und Furcht vor der Verantwortung verwechselt werden, wie dies der Franziskaner *Francisco de Osuna* (1492–1541) in seinem geistlichen Bestseller, der auch *Teresa von Ávila* (1515–1582) sehr geprägt hat, beschreibt: «Manche verstehen unter Demut eine Enge des Herzens und die platte und kleinmütige Veranlagung eines Menschen, den nur Unwesentliches interessiert. Andere denken, Demut sei kränkliches Aussehen und Niedrigkeit, die sich in Haltung, Kleidung und Benehmen manifestiert. Alle diese Aussagen sind falsch und haben nichts mit Demut zu tun. Damit du nun eine Ahnung von der Majestät dieser Eigenschaft bekommst, musst du wissen, dass Demut und Hochherzigkeit zwei einander sehr liebende Schwestern und Gefährtinnen sind, so dass sich die eine nicht ohne die andere findet.» Demut und Hochherzigkeit entdecke ich auch im Buch Kohelet: Gott hat den Menschen aufrichtig geschaffen, befreit zum aufrechten Gang. Diese Würde wird ihn bewegen, sich nicht in allen möglichen Berechnungen zu verirren, sondern ein gutes Maß zu finden.

Du
bestärkst uns die Gaben deiner Schöpfung
voller Dankbarkeit zu genießen

Du
mutest uns zu unsere Endlichkeit anzunehmen
im Entdecken unserer Würde in der Begrenztheit

Du
stiftest uns an zum gerechten Handeln
im Annehmen der Unvollkommenheit

Du
bleibst uns geheimnisvoll-nah
im Verweilen im Hier und Jetzt

WOHLTUENDE SINNLICHKEIT

«Ja, du bist schön, meine Freundin,
ja, du bist schön!
Deine Augen sind wie Tauben hinter deinem Schleier.
Dein Haar gleicht einer Herde von Ziegen …
Deine beiden Brüste sind wie zwei Kitzen,
Zwillinge einer Gazelle, die unter Lilien weiden.»

HOHELIED 4,1.5

Die Versöhnung von Sexualität und Spiritualität ist eine der wichtigen Aufgaben in unserer Zeit. Dabei können uns die erotischen Gedichte aus dem Hohelied eine Hilfe sein. Sie besingen mit einer wohltuenden Sinnlichkeit die Liebe von Mann und Frau, die im schöpferischen Gestalten der Sexualität jene Gabe Gottes erkennt, die beflügelt zur Hoffnung. Im Suchen und Hoffen, im Finden und Verlieren der Liebenden wird sichtbar, wie das Wesentliche nie zu haben ist, sondern ein Geschenk bleibt. Es übersteigt uns und fordert uns zugleich heraus, an unseren Beziehungen zu arbeiten, mit Wohlwollen und Konfliktfähigkeit. Die mystische Tradition ließ sich vom Hohelied inspirieren, um die tiefe Sehnsucht nach der Vereinigung mit Gott ausdrücken zu können. Schon *Origenes* (185–254) verwendet eine erotische Symbolik, die zentrale Aspekte des Hohenliedes entfaltet: der Kuss der Liebenden (Hld 1,2), die Umarmung (2,6), die Wunde der Liebe (2,5).

Diese Spur führt *Bernhard von Clairvaux* (1090–1153) in seinen berühmten Predigten zum Hohelied weiter. Predigten, die unser Gottesbild verwandeln können, damit wir in all unseren Lebensvollzügen, auch in unserer Erotik, Gott erfahren können als Urgrund allen Lebens und aller Liebe: «Aber es gibt einen Ort, wo man Gott wirklich in seiner ganzen Stille und Ruhe gewahr wird. Da ist der Ort, wo Gott uns nicht als Richter oder als Lehrer, sondern wo er uns als Bräutigam begegnet» (23. Predigt). In diesen wenigen Worten erkenne ich das Zentrum einer mystischen Spiritualität, die die Trennung zwischen Gott und Mensch aufhebt, um die Christuskraft auch in unserer Sinnlichkeit dankbar zu erfahren. Sie befreit uns von jeder Leibfeindlichkeit, weil unser Leib «der Tempel des heiligen Geistes ist» (1 Kor 6,19).

Eine lebensbejahende Sicht finde ich auch bei *Mechthild von Magdeburg* (1207– um 1282), die Gott zur Seele sagen lässt «Du bist mein schönstes Minnebett, meine tiefste Sehnsucht. Du bist die Lust meiner Gottheit, ein Durst meiner Menschheit.» Ich bewundere den Mut dieser Mystikerin, die in kühnen erotischen Bildern beschreibt, wie die Seele und Gott ineinander verliebt sind. Sie geben uns die erotische Dimension in unserem Alltag zu erkennen, die in unseren Begegnungen und im Staunen angesichts der Schöpfung mitschwingt und uns den heilenden Atem Gottes in allem erahnen lässt.

Du
suchst und liebst uns jeden Tag neu
längst bevor wir uns aufmachen zu dir

Dich
finden wir in der erotischen Kraft der Liebenden
die erzählt von deinem Wohnen in uns

Du
ermutigst uns die schöpferische Kraft zu genießen
und der Ambivalenz der Sexualität nicht
auszuweichen

Dich
erahnen wir in der leidenschaftlichen Hingabe
die uns zu einer zärtlicheren Gerechtigkeit bewegt

MUTTER GEIST

«Denn in ihr ist ein Geist: verständig, heilig, einzig in seiner Art und vielfältig, fein, beweglich, durchdringend, unbefleckt, klar, unverletzlich, das Gute liebend, scharf... Ist doch die Weisheit beweglicher als jede Bewegung; in ihrer Reinheit durchdringt und erfüllt sie alles.»

WEISHEIT 7,22.24

Beim Wandern im Schweizer Jura fällt mir immer wieder auf, wie die Wurzeln der Bäume sich vielfältig, weitgreifend und weitverbreitet entfalten. Darum verwurzele ich mich gerne in einer biblischen Spiritualität, die meinen Gang in die Tiefe und in eine große Weite führt. Die Weisheitsliteratur im Ersten Testament bestärkt mich zu einem weiblichen Reden von Gott.

Da begegne ich einer personifizierten Weisheit, *Frau Sophia,* die uns von der Einseitigkeit eines männlichen Gottesbildes befreit. Im ersten und achten Kapitel des Buches der Sprichwörter finden wir diese Spur, die auch im siebten Kapitel des Weisheitsbuches vertieft wird. Wer sich in der Tradition verwurzelt, der wird zu einer großen Offenheit bewegt. *Helen Schüngel-Straumann,* Professorin für Biblische Theologie an der Gesamthochschule Kassel (1987–2000), hat in ihrem spannenden Buch

«Denn Gott bin ich und kein Mann. Gottesbilder im Ersten Testament – feministisch betrachtet» (Mainz 1996) aufgezeigt, dass in der Taufliturgie der syrischen Kirche bis ins 4. Jahrhundert zahlreiche Gebete zu finden sind, die «Mutter Geist» *(rûcha)* anrufen. Dass die Anrufung des Geistes später leider nur noch in männliche Sprachformen gekleidet wird, verdeutlicht, wie wichtig unsere sprachlichen Ausdrucksformen sind. Es genügt nun wirklich nicht zu sagen, dass in einem männlichen Reden alle mitgemeint sind!

Spannend ist auch, dass in der mystischen Spur des christlichen Glaubens der Dialog mit Frau Weisheit wieder aufgenommen und sogar intensiviert wird. Da wird Frau Sophia zur geistlichen Geliebten, wie es beim Dominikaner *Heinrich Seuse* (1295–1366) zu entdecken ist. Eine Spur, die auch in der evangelischen Christenheit weitergeführt wird, wie dies der evangelische Kirchengeschichtsprofessor *Walter Nigg* (1903–1988) in seinem Buch «Heimliche Weisheit. Mystisches Leben in der evangelischen Christenheit» erläutert hat. Jakob Böhme (1575–1624), Johann Georg Gichtel (1638–1710), Gottfried Arnold (1666–1714) und Michael Hahn (1758–1819) entfalten eine sophianische Mystik, die aus den Quellen der biblischen Weisheitsliteratur schöpft. Sie bewegt uns zu einem ganzheitlichen Glauben, der sich im gemeinsamen Einsatz für «Maß und Klugheit, Gerechtigkeit und Starkmut» (Weish 8,7) bewähren muss.

Du
bewegst uns zur Offenheit
im Eintauchen in die belebende Kraft
der biblischen Weisheitsworte

Du
weitest unsere Begrenzungen
im befreienden Entdecken
einer neuen-uralten Sprache

Du
erneuerst deinen Gerechtigkeitsweg
im dialogischen Unterwegssein
mit allen Menschen guten Willens

Du
atmest tief in uns
berührst uns zur Hoffnung
Freundin, Schwester, Mutter Geist

DIE KRAFT DES SCHWEIGENS

«Mancher schweigt, weil er keine Antwort weiß, mancher schweigt, weil er auf die rechte Zeit sieht. Der Weise schweigt bis zur rechten Zeit, doch der Tor achtet nicht auf die Zeit.»
JESUS SIRACH 20,6-7

Die Sehnsucht nach Stille wächst, und die Überforderung, den Ort des inneren Schweigens zu betreten, nimmt zu. Zugleich entdecken immer mehr Menschen die Kraft des Schweigens. Ein Schweigen, das nicht aus Beziehungsangst oder Verdrängung der anstehenden Fragen entsteht, sondern aus der weisen Einsicht, im schweigenden Innehalten Hoffnung schöpfen zu können für eine engagierte Gelassenheit. Im Buch Jesus Sirach mit seinen vielfältigen Lebensweisheiten wird zwischen dem rechtzeitigen Reden und Schweigen unterschieden. In unserer Welt mit einer unendlichen Fülle von Informationen, Bildern und Worten braucht es die Gabe des Schweigens.

Schweigende Menschen verändern unsere Welt, gestalten mit an einem weltweiten Versöhnungsweg. Das Eintauchen ins Schweigen hat eine vertrauensstiftende Wirkung auf die ganze Welt, weil wir nie Einzelne sind, sondern immer Teil eines Ganzen. Diese tiefere Verbundenheit mit allem wird auch im

Buch Jesus Sirach entfaltet. Die vielen Verhaltensregeln kann ich nicht wörtlich übernehmen. Doch ich erahne in den verschiedenen Kapiteln, dass es in einem lebensfördernden Schweigen nicht um ein Totschweigen von Lebensthemen geht, sondern um eine gesunde Distanz zum Alltag, um gelöster Beziehungsfragen anzusprechen und um meine soziale Verantwortung stärker wahrnehmen zu können: «Sei nicht hart gegen das Herz eines Unglücklichen und verweigere dem Bedürftigen nicht deine Gabe. Den Bedrängten, der hilflos ist, weise nicht ab und wende deinen Blick nicht weg vom Armen» (Sir 4,3–4). Im Schweigen werde ich sensibler für die zerbrechlichen Seiten des Lebens, und zugleich wird mein Staunen über die alltäglichen Wunder gestärkt: «Alle Dinge sind verschieden, das eine vom andern, und nichts hat er geschaffen, das versagt. Das eine bestärkt den Wert des anderen, und wer kann sich satt sehen am Anblick ihrer Schönheit» (Sir 42,24–25).

Dich
erfahre ich im Eintauchen
in meinen inneren Ort des Schweigens
der meine Beziehungsfähigkeit stärkt

Du
bestärkst mich jeden Tag neu
meine innere Unruhe zu durchschreiten
um meine Erfahrungen sich setzen zu lassen

Dich
erahne ich als schweigende Kraft
die zum staunenden Verweilen und
zum solidarischen Teilen bewegt

Du
führst uns Menschen zusammen
zum lebensnotwendigen Innehalten
zum beharrlichen Engagement

EIN INNERER GARTEN

«Dann wird GOTT dich allzeit leiten und selbst im dürren Land dich sättigen. Er wird deine Glieder mit Kraft erfüllen; du wirst wie ein bewässerter Garten sein, wie eine Quelle, deren Wasser nie versiegt.»
JESAJA 58,11

Die Fülle von Hoffnungsbildern, die im Buch des Propheten Jesaja auf uns warten, bewegen und berühren mich stets von Neuem. Sie helfen mir, mich zu verwurzeln im Urgrund aller Liebe. Denn «Entwurzelung ist bei weitem die gefährlichste Krankheit der menschlichen Gesellschaft. Verwurzelung ist vielleicht das wichtigste und meistverkannte Bedürfnis der Seele», schreibt die Mystikerin *Simone Weil* (1909–1943).

Meine Seele und mit ihr mein Leib und Geist fühlen sich sehr gut aufgehoben in den hoffnungsvollen Visionen, die sich durch das ganze Buch des Propheten Jesaja ziehen. Ein biblisches Buch, das auch nicht aus einem Guss ist. Es lassen sich drei Teile finden, und man spricht ab dem 40. Kapitel vom zweiten Jesaja, Deuterojesaja, und ab dem 56. Kapitel vom dritten, von Tritojesaja. Verbindend ist in all den Kapiteln diese geerdete Innerlichkeit, die Ungerechtigkeit, Bedrohungen und Grenzfragen unserer Existenz benennt und ausdrückt und sie in jene Hoffnungsdimension hineinwebt, die vom Aufblühen der Wüste spricht, vom Aufstehen der Lahmen und vom Licht, das jegliche Dunkelheit erhellt. Schon im ersten Kapitel wird ein Gottesdienstfeiern schonungslos kritisiert, das sich loslöst vom Engagement für Gerechtigkeit. Diese Spur wird auch im 58. Kapitel im Plädoyer für eine ‹wahre Frömmigkeit› entfaltet: ein individualistisches Fasten wird hinterfragt und in die Grundspannung der biblischen Botschaft, in die Spannung von Barmherzigkeit und Gerechtigkeit, hineingestellt. Der notwendige Aufruf, das «Brot mit den Hungrigen zu teilen und die obdachlosen Armen ins Haus aufzunehmen» (Jes 58,7), wird jedoch vertieft in dem befreienden Zuspruch, dass unser Inneres einem bewässerten Garten und einer nie versiegbaren Quelle gleicht, die immer schon auf uns wartet. Sie ist da als Lebensgeschenk, das wir uns nie erleisten können. Unsere Lebensaufgabe besteht darin, diese ewige Wirklichkeit wahrzunehmen, den Blick in Aufmerksamkeit zu öffnen für diese Tiefe, die unsere Resignation und Frustration verwandeln kann, um in uns bewegende Hoffnungslieder anzustimmen. Lieder, die Grenzen sprengen und weltweit im Aufbruch für Frieden in Gerechtigkeit ertönen können.

Du
bist unsere innere Quelle
die unsere Ohnmacht verwandelt
in lebensbejahende Hoffnungsbilder

Du
nährst unseren inneren Garten
mit deiner wohltuenden Gegenwart
die uns das Verbindende mit allem spüren lässt

Du
träumst unaufhörlich in uns
deinen Traum einer gerechteren Welt
der sich auch durch uns verwirklichen wird

Du
bist Immanuel
mit uns in all unseren Lebensvollzügen
als Wesenskern in unserer Seele

ZUM VERTRAUEN BEWEGT

«Ich lege mein Gesetz in ihr Inneres und schreibe es in ihr Herz. Ich werde ihr Gott sein und sie werden mein Volk sein.»
JEREMIA 31,33

Ein Tagebucheintrag von *Thomas Merton* (1915–1968) – dem Trappistenmönch, Dichter und Mystiker – kommt mir in den Sinn, wenn ich durch das Buch des Propheten Jeremia wandere: «Vielleicht bin ich stärker, als ich denke. Vielleicht fürchte ich mich vor meiner Stärke und wende sie gegen mich selbst, um mich selbst schwach zu machen. Vielleicht fürchte ich am meisten die Stärke Gottes in mir.» Die Spannung zwischen Angst und Vertrauen angesichts der Stärke und des Wirkens Gottes zieht sich durch das atemberaubende prophetische Buch. Schon im Anfang windet sich Jeremia mit den Worten «Ich bin ja noch so jung» (Jer 1,6), und diese Selbstzweifel verdichten sich dann in der massiven Hinterfragung seiner Lebensaufgabe: «Du hast mich betört und ich ließ mich betören – verflucht sei der Tag, an dem ich geboren wurde ...» (20,7.14)

Jeremias existenzielles Ringen ist mir Lebenshilfe. Es befreit mich von der irrtümlichen Allmachtsfantasie, immer vertrauensvoll unterwegs sein zu müssen. Sein authentisches Einbringen von

Verunsicherungen und Verlorenheit ist für mich ein großer Akt des Vertrauens. Weil Jeremia in aller Ehrlichkeit zu seiner Schwäche steht, kann die Stärke Gottes in ihm Raum finden und sich entfalten. Diese Kraft findet sich wie ein roter Faden in diesem spannenden Prophetenbuch, in der kritischen Tempelrede (Kapitel 7), im wunderbaren Töpfergleichnis (Kapitel 18) und in den drastischen Drohreden. Eine Fülle von inneren und äußeren Bewegungen gehört zu einem geerdeten Glaubensweg, auf dem ich immer wieder neu angerührt, herausgefordert und erfüllt werde durch die Lebendigkeit des Wortes Gottes. Sein Wort erreicht mich ganz neu, obwohl es schon in meinem Inneren liegt und «in unser Herz» geschrieben ist. Diese Verheißung erneuert unseren Bund, unsere Verbindung mit Gott und untereinander, denn «sie werden einander nicht mehr belehren und weder zu den Mitmenschen noch unter den Geschwistern sagen: Lerne Gott kennen! Denn sie alle werden mich kennen, alle von Klein bis Groß.» (Jer 31,34 nach der «Bibel in gerechter Sprache»).

Du
verbindest dich jeden Tag
mit allen Menschen guten Willens
die dich in sich wirken lassen

Dich
erkennen wir als Vertrauensgrund
der all unser Sein und Wirken
nährt und belebt

Du
hast uns dein Lebenswort
in unser Herz geschrieben
als verbindende Kraft des Lebens

UNERTRÄGLICHE TAGE

«Du hast dich in Zorn gehüllt und uns verfolgt,
erschlagen ohne Mitleid.
Du hast dich in Wolken gehüllt,
durch die kein Beten dringt ...
Mein Auge tut mir weh
vor lauter Weinen in meiner Stadt.»

KLAGELIEDER 3,43.51

In dem Roman «Nachtzug nach Lissabon» von *Pascal Mercier* (geb. 1944) schreibt der portugiesische Arzt Amadeu Prado: «Ich liebe betende Menschen. Ich brauche ihren Anblick. Ich brauche ihn gegen das tückische Gift der Oberflächlichen und Gedankenlosen. Ich will die mächtigen Worte der Bibel lesen. Ich brauche die unwirkliche Kraft ihrer Poesie. Ich brauche sie gegen die Verwahrlosung der Sprache und die Diktatur der Parolen ... Ich verehre Gottes Wort, denn ich liebe seine poetische Kraft. Ich verabscheue Gottes Wort, denn ich hasse seine Grausamkeit.» Diese Spannung gilt es auszuhalten. Sie lässt sich nicht schönreden. Sie begegnet mir in den Klageliedern, die nach der Zerstörung Jerusalems und des Tempels 587 v. Chr. Not, Schrecken, Verlorenheit und Aufschrei beschreiben. Durch die biblischen Klagepsalmen und -lieder habe ich die Unterscheidung zwischen Jammern und Klagen entdeckt. Beim

Jammern will ich nichts verändern, ich bleibe in der Opferrolle. Beim Klagen schreie, weine und empöre ich mich. Ich ringe mit Gott und dem Leben. Ich gehe aufs Ganze, um das Lebensbejahende zu suchen und zu fördern. Wir brauchen eine Mystik des Klagens. Wer sich im gekreuzigten und auferstandenen Christus aufgehoben fühlt, der erlebt nicht nur beglückende Momente, sondern er wird angestiftet, mit anderen im himmelschreienden Gebet das Schweigen Gottes auszuhalten. Er wird bestärkt, Ausdrucksformen zu finden für all das erdrückende Elend, das uns jeden Tag zugemutet wird.

Du
bist mir abhandengekommen
verdunkelt ist mein Gebet

Du
schweigst und bist weit weg
unerträglich wird mein Leben

Dich
gebe ich nicht auf
lasse dich nicht los

Dich
lasse ich los
finde dich im Mitschreien

GRUND ZUR HOFFNUNG

«Leg ab, Jerusalem, dein Gewand der Trauer und Erniedrigung und leg ewig an die Zier der Herrlichkeit, die Gott dir schenkt. Leg den Mantel der göttlichen Gerechtigkeit an; setz dir das Diadem der Herrlichkeit des Ewigen aufs Haupt! Denn Gott will deinen Glanz dem ganzen Erdkreis unter dem Himmel zeigen.»
BARUCH 5,1–3

Hoffende Menschen stehen leidenschaftlich mitten im Leben. Sie verschließen sich nicht vor der Schönheit und der Zerbrechlichkeit des Lebens. Sie erkennen eigene Verstrickungen und Fehler und lassen sich trotzdem zur Verwandlung bewegen. Sie suchen sich Verbündete, um Frieden in Gerechtigkeit zu verwirklichen. Sie lassen sich alltäglich von Gott bewegen, um Resignation und Frustration überwinden zu können.

Diese Hoffnungsschritte finde ich im kleinen Prophetenbuch Baruchs, des Sekretärs Jeremias (Jer 36,4), das uns nur in griechischer Sprache überliefert ist. Es erzählt von der schwierigen Zeit in der Diaspora, die geprägt ist von Trauer, Verunsicherung und Hoffnung auf einen Neuanfang. Glaubwürdige Hoffnungswege entdecke ich darin, weil Trauer, Schmerz und Ungerechtigkeit nicht überspielt werden, sondern im lebensfördernden Klagen ausgedrückt und mitgeteilt werden. Dadurch wird erfahrbar, wie die Klage in Hoffnung verwandelt werden kann: Auch durch uns erhält die Hoffnung ein Gesicht, ein Herz, Hände und Füße. Unser tiefster Grund zur Hoffnung wird mit königlichen Bildern ausgedrückt, weil wir Abbild Gottes sind. Dieser Glanz verleiht uns eine einmalige Würde, die verwirklicht wird im schöpferischen Mitgestalten an einem gerechteren und friedvolleren Miteinander. Hoffende Menschen finden in ihrem Lebensschrank Kleider der Trauer und der Freude, weil wir angezogen sind von der unaufhaltsamen Sehnsucht nach Gottes Gerechtigkeit und Frieden.

Du
bist der tiefste Grund meiner Hoffnung
ziehst mich an mit dem Mantel der Gerechtigkeit

Du
bewegst uns zur Hoffnung
verwandelst unsere Klage in Tanz

Du
strahlst durch unsere Schönheit
beflügelst uns zum Neuanfang

DIE KRAFT DES AUFSTEHENS

«Er sprach zu mir: Menschensohn, stell dich auf deine Füße; ich will mit dir reden. Da kam der Geist in mich, nachdem er mit mir geredet hatte, und er stellte mich auf meine Füße, und ich hörte ihn mit mir reden.»

EZECHIEL 2,1–2

Seit vielen Jahren versuche ich, am Morgen und den Tag hindurch beim Aufstehen einen Moment stehen zu bleiben. Dieses Alltagsritual hilft mir, mich nicht durch Sachzwänge und Hektik leben zu lassen. Es zentriert mich und lässt mich im tiefen Durchatmen Kraft aus der Tiefe schöpfen. Mein achtsames Dastehen gewinnt an Tiefendimension, wenn ich mich an die kraftvollen Worte des Propheten Ezechiel erinnere. Ezechiel stammt aus einer priesterlichen Familie. Er wurde wie viele aus dem Volk Israel in die Verbannung nach Babylonien geschleppt.

In dieser Grenzsituation wird er zum priesterlichen Menschen, weil er Erde und Himmel verbindet. Er lässt sich vom Geist Gottes bewegen. Dieser heilende Geist entfernt ihn nicht von der Wirklichkeit, sondern er stellt den Propheten auf die Füße, damit eine bodenständige Spiritualität entfaltet werden kann. Ezechiel lässt sich zu eindrücklichen

Visionen bewegen, die uns aufzeigen, dass sogar Totgeglaubtes zu neuem Leben erweckt werden kann (Kapitel 37). Er wagt notwendige Kritik an ungerechten Strukturen. Diese Weite und Tiefe verdichtet sich in mir, wenn ich beim Aufstehen stehen bleibe, damit ich auch Heute zu mir stehen kann und mich verbinde mit all den Frauen und Männern guten Willens, die auf allen Kontinenten für Frieden in Gerechtigkeit aufstehen.

Du
stellst mich auf die Füße
lässt mich gerade stehen
für mein Leben

Du
sprichst zu mir durch innere Bilder
die mich bestärken
Gerechtigkeitswege zu begehen

Du
durchbrichst unsere Zweifel
belebst uns mit deinem heilenden Geist
der Vertrauen und Hoffnung stiftet

Deine
Auferstehungskraft lebt
in allen liebenden Menschen
die aufstehen für deine Vision
einer friedvolleren Welt

DIE BÄUME SIND MEIN GEBET

«Preist Gott, all ihr Winde;
lobt und erhebt ihn in Ewigkeit ...
Preist Gott, Reif und Schnee;
lobt und erhebt ihn in Ewigkeit.»
DANIEL 3,65.70

Vor 25 Jahren hat mir ein befreundetes Ehepaar ein Buch geschenkt, «Weißt du, dass die Bäume reden. Weisheit der Indianer» heißt sein Titel. Er war eine Zeit, wo viele in der indianischen Lebensweisheit eine neue Beziehung und Verbindung zur Schöpfung suchten. Eine Verbindung, die leider in unserer jüdisch-christlichen Tradition zu lange vernachlässigt wurde. Der Lobgesang der drei Männer im Feuerofen ist ein eindrückliches Beispiel für eine tiefe Verwurzelung in der Schöpfung. Alles preist unseren Schöpfer, Sonne und Mond, Blitze und Wolken, Meere und Flüsse, Tiere und Menschen. Dieses wunderbare Gebet erinnert mich an die wohltuenden Worte des Trappistenmönches und Mystikers *Thomas Merton* (1915–1968), der schreibt: «Ich will mich also aufmachen, damit sich alles, was ich berühre, in Gebet verwandelt, damit der Himmel mein Gebet ist, damit die Vögel mein Gebet sind, damit der Wind in den Bäumen mein Gebet ist. Gott ist alles in allem.»

Befreiende Worte, die meinen Alltag verwandeln, weil ich in einem liebenden Aufmerken erahne, wie die ganze Schöpfung betet. Beten ist für mich nicht mehr das Bemühen, Gott zu erreichen, sondern das Aufatmen, dass wir schon in ihm leben und uns in ihm bewegen. Darum sind Bäume schon lange meine spirituellen Lehrmeister. Ich bin mit ihnen im Gespräch. Ich schaue sie nicht nur an, umarme sie, sondern ich lasse mich von ihnen anschauen und ich höre auf sie. Im Winter sagen sie mir ganz klar, dass sie keine existenzielle Sinnkrise haben, weil sie nun kahl dastehen. Sie vertrauen auf die Grünkraft, die dank der Brachzeit im Frühling wieder neu hervorbrechen wird.

Dich
loben und preisen alle Kreaturen
sie stimmen mich ein
zu einer staunenden Dankbarkeit

Du
bewegst uns zu einem gesunden Rhythmus
im intensiven Verweilen
in deiner wunderbaren Schöpfung

Du
lädst uns ein zum Innehalten
unter dem Sternenhimmel
um deine Nähe und Weite zu feiern

HINGABE STATT OPFER

«Liebe will ich, nicht Schlachtopfer,
Gotteserkenntnis statt Brandopfer.»
HOSEA 6,6

Mit 18 Jahren habe ich in einer ökumenischen Bibelgruppe die Fülle der biblischen Bücher entdeckt. Eine neue Welt eröffnete sich mir, in der meine Sehnsucht sich gut aufgehoben fühlte. In der Begeisterung las ich während zwei Jahren die ganze Bibel, mit großer Faszination und Befremden. Eine Spannung, die bis heute geblieben ist. Ich weiß noch genau den Ort und die Zeit, als mich meine Mitstudentin fragte, was mir denn vom Ersten Testament geblieben sei. Zu meinem eigenen Erstaunen erwähnte ich ohne Zögern den oben erwähnten Vers aus dem Buch des Propheten Hosea, der uns bestärkt, Hingabe zu wagen, um nicht in einer angstbesetzten Opferfrömmigkeit stecken zu bleiben. In diesem Vers, den wir auch im Matthäusevangelium (9,13; 12,7) wieder finden, verdichtet sich für mich die tiefe Sehnsucht, Gott immer mehr liebend zu erkennen. Eine Sehnsucht, die im Mitsein und Handeln Jesu offensichtlich wird und uns die Tür zum Himmel eröffnet, der schon im Hier und Jetzt erfahrbar wird. Wie wunderbaranspruchsvoll diese liebende Gottessuche, die sich in der Selbst- und Nächstenliebe verwirklicht, sein kann, lässt sich auch beim Propheten Hosea entdecken. Gottes verwundbare Liebe wird im Symbol der Intimität zwischen Frau und Mann entfaltet. Wegen der Zuwendung Israels zu anderen Göttinnen und Göttern muss Hosea diesen «Ehebruch» drastisch sichtbar werden lassen, indem er auf Befehl Gottes das «hurerische Weib» Gomer heiratet. Wer sich auf die tiefere Kraft der Symbole einlässt, wird in diesen kraftvollen Texten existenzielle Lebensthemen erkennen, die auch unser Gottesbild verwandeln können. Wir begegnen darin einem leidenschaftlichen Gott, der um die Liebe seines Volkes ringt. Dass wir Gott brauchen zum Leben, ist klar, doch Gott braucht auch uns, weil er die Liebe ist. Seine Liebe befähigt uns mitten im Leben, Hingabe zu wagen.

Du
ereignest dich
in unserer Menschwerdung
aus Liebe

Du
er-löst uns von der Angst
nicht zu genügen
verwandelst uns zu uns selber

Du
stärkst unser Rückgrat
für eine Zivilisation der Liebe
die Frieden in Gerechtigkeit schafft

HOFFNUNGSPERSPEKTIVEN

«Danach werde ich meinen Geist
ausgießen über alles Fleisch.
Eure Söhne und eure Töchter werden Propheten sein,
eure Alten werden Träume haben
und eure jungen Männer Visionen.
Auch über Knechte und Mägde
werde ich meinen Geist ausgießen in jenen Tagen.»

JOËL 3,1–2

Mitten in Zeiten der Verunsicherungen und der Neuorientierung können uns Worte geschenkt werden, die zeitlos sind. Worte voll innerer Kraft, die in jedem Jahrhundert, in jeder Generation neu konkretisiert werden möchten. Die Anfangsworte des 3. Kapitels aus dem Buch des Propheten Joël enthalten für mich jene lebensfördernde Perspektive, die Hoffnung stiftet. Klassenunterschiede sind aufgehoben, jede und jeder von uns ist ein gottbewohnter Mensch. Jung und Alt werden inspiriert zu Visionen, die Gerechtigkeit, Lebensfreude und Schöpfungsverbundenheit fördern. Dass Petrus in seiner Pfingstpredigt (Apg 2,14–36) sich auf diese Prophetenworte beruft, lässt mich mit dem Konzil der Jugend aus Taizé auf den Frühling einer Kirche hoffen, die über keine Machtmittel mehr verfügt, die ausgrenzend sind. Eine Kirche, die Partei ergreift für die Kleinen, Entrechteten und für eine kinderfreundlichere Welt, in der auch die Weisheit des Alters hochgehalten wird. Gottes lebendiger Geist ist der tiefste Grund dieser Hoffnung, der unsere Welt erneuert.

Du
bringst unsere ausgrenzenden
Regeln und Ordnungen durcheinander
bewegst alle zu Hoffnungsvisionen

Du
wohnst in unserer Mitte
brauchst uns als Freundinnen und Freunde
die für die Menschenrechte da sind

Du
befreist uns zum teilenden Miteinander
schaffst menschenwürdige Arbeitsverhältnisse
die den Rhythmus des Lebens respektieren

Du
bist unser Hoffnungsgrund

BEFREIENDE FRAGWÜRDIGKEIT

«Ich hasse und verwerfe eure Feste,
ich kann eure Festversammlungen nicht riechen ...
Hinweg von mir mit dem Lärm eurer Lieder!
Das Spiel eurer Harfen will ich nicht hören.
Aber wie Wasser flute das Recht
und die Gerechtigkeit wie ein nie versiegender Bach!»
AMOS 5,21.23–24

Die Bibel ist ein «Buch der verzweifelten Fragen und der ungeduldigen Sehnsucht», schreibt *Ingo Baldermann,* der bis 1994 Professor für Evangelische Theologie und ihre Didaktik in Siegen war. Sein Buch «Die Bibel – Buch meiner Sehnsucht» (München 2007) hat mir tiefe Stunden des Glücks geschenkt. Ingo Baldermann entwirft eine befreiende biblische Spiritualität, und er webt biblische Texte hinein in unsere menschliche Existenz, in der Staunen und Zweifel, Vertrauen und Verunsicherung, Dankbarkeit und Verlorenheit Raum zur Entfaltung erhalten. In dieser leidenschaftlichen Wegbegleitung wird auch die prophetische Dimension eines jeden Glaubensweges vertieft. Jene Dimension, die unsere Sehnsucht und all unser Feiern mit der Frage nach Gerechtigkeit konfrontiert, wie dies im Buch Amos kraftvoll aufscheint. Da werden wir zu einer befreienden Fragwürdigkeit ermutigt, weil unser Gott des Lebens sich in der Spannung von Barmherzigkeit und Gerechtigkeit ereignet. Amos kritisiert wie andere Propheten ein Gottesdienstfeiern, das sich vom Einsatz für die Menschenrechte entfernt. Er klagt an, weil echte Gottesliebe sich auch in einem leidenschaftlichen Engagement für Frieden in Gerechtigkeit und für die Bewahrung der Schöpfung konkretisiert. Für diesen Einsatz brauchen wir Rituale und Sakramente, die uns nähren für eine engagierte Gelassenheit. Wir brauchen das meditative Innehalten. «Je stärker ich liebe, desto verletzlicher bin ich, desto stärker erfahre ich auch meine Schuld, desto mehr bin ich angewiesen auf Vergebung» (Ingo Baldermann).

Du
bestärkst uns zu einem prophetischen Weg
um Ungerechtigkeit zu benennen
um glaubwürdig deine Gegenwart zu feiern

Du
hilfst uns Fragen auszuhalten
vertrauend ein Leben lang
in die Antworten hineinwachsen zu können

Du
durchbrichst unsere Tagesordnung
die sich an strukturelle Gewalt gewöhnt hat
die sich von deiner Friedensvision entfernt hat

Du
bewegst uns zu Barmherzigkeit und Gerechtigkeit

TROTZ ALLEM AN DAS GUTE GLAUBEN

«Ja, nahe ist der Tag GOTTES *für alle Völker.*
Was du getan hast, so wird dir getan;
dein Tun fällt auf dein Haupt zurück.»
OBADJA 1,15

Die Gerichtsdrohungen über Edom, die im Buch Obadja stehen, dem kleinsten der Zwölf Propheten, lösen bei mir ungute Gefühle aus. Mit dieser schwarzen Pädagogik will ich nicht mitgestalten an einer gerechteren Welt. Zugleich frage ich mich, wie ein echter Widerstand gewagt werden kann, um himmelschreiende Ungerechtigkeiten nicht zu beschönigen. Der Theologe *Hans Küng* (geb. 1928) zeigt in seinem Weltethos eine Spur auf, die sich in allen Religionen findet. Die vernünftige Einsicht, dass mein ungerechtes Tun auf mich selbst zurückfällt, positiv ausgesprochen in der Goldenen Regel der Bergpredigt: «Alles, was ihr wollt, dass euch die Leute tun, das sollt auch ihr ihnen tun!» (Mt 7,2), oder bei Konfuzius: «Was du selbst nicht wünschst, das tue auch nicht anderen Menschen an» (Gespräche 15,23).

Wir brauchen heute kernige Orientierungsworte, die Beliebigkeit und rücksichtslose Gewinnsteigerung entlarven. Ich suche nach einer Sprache, die sich nicht im Schwarzweiß-Schema verfestigt, sondern eigene Anteile an Verstrickungen miteinbezieht. Prophetinnen und Propheten haben ja nicht nur Drohworte ausgesprochen, sondern eine verrückte Verheißung, die der Liebe Gottes zutraut, uns Menschen immer wieder zum Guten zu verwandeln und zu bewegen.

Du
richtest uns aus auf das Wesentliche
entlarvst unsere Habenmentalität
bewegst uns zum teilenden Mitsein

Du
öffnest unsere Lippen
damit wir deine heilende Nähe verkünden
die sich in Gerechtigkeitswegen offenbart

Du
ermutigst uns den Alltag zu heiligen
im Staunen über das Geschenk des Lebens
das durch uns geschützt werden muss

Du
bist unsere Hoffnungsstimme
die an das Gute im Menschen glaubt
weil du in uns wohnst und wirkst

LEIDENSCHAFTLICHE SINNSUCHE

«Ich rief in meiner Not zu Gott,
und er hat mich erhört.
Aus dem Schoß der Unterwelt schrie ich um Hilfe,
und du hörtest meine Stimme.»
JONA 2,3

Der schwedische Regisseur *Ingmar Bergman* ist im Sommer 2007 im Alter von 89 Jahren gestorben. Ich habe fast jeden seiner über 60 Filme gesehen, sie faszinieren mich und sie sind mir Lebenshilfe. Sie zeigen mir mit einfach-tiefsinnigen Bildern einen Weg aus der Krise auf, der Menschen aufatmen lässt. Ingmar Bergman sieht eine Aufgabe der Kunst darin, sich aus einem Kindheitstrauma zu befreien, um aus krankmachenden Schuldgefühlen herauswachsen zu können. Sein Trauma ist geprägt durch die Strenge eines protestantischen Pfarrhauses. «Die Welt der Kindheit ist immer die unterste Schublade meiner Werkstatt gewesen», sagt er. Seine Filme, in denen die Gottesfrage, die Sinnsuche und das Gestalten von Beziehungen im Zentrum stehen, bringe ich in Verbindung mit der kleinen Lehrerzählung im Buch Jona. Es ist kein Prophetenbuch, sondern eine zeitlose Parabel, die Menschen zu sich selber führen will, zu ihrer ureigenen Berufung, die manchmal durch viele Umwege gefunden werden kann. Jona flieht vor sich selbst, obwohl er sich überallhin mitnimmt. Er landet im Bauch eines Fisches. Ein kraftvolles Symbol eines inneren Prozesses, der sich im Dunkeln ereignet, auch im Schreien nach Gott. Echte Menschwerdung und Solidarität führt in die eigenen Abgründe, in den tiefsten Grund. «Hinabgestiegen in das Reich des Todes», heißt es im christlichen *Credo.* Mein Hinabsteigen in meine Abgründe lebt aus der Hoffnung, dass ich auch in den schlimmsten Ängsten getragen bin, obwohl ich es oft erst im Nachhinein erkenne.

Du
führst mich zu mir selber
zu meiner ureigenen Berufung
die sich behutsam herauskristallisiert
im achtsamen Hören auf deine Herzensstimme

Du
mutest uns zu
hinabzusteigen von unseren Karriereleitern
zum tieferen Grund unseres Lebens
der befreiend aufrichtet zur Liebe

Du
lässt dich erahnen in Ursymbolen
die wir zur Menschwerdung brauchen
lässt dich auch finden in der Kunst
die Fenster zur Ewigkeit öffnet

FRIEDENSBEWEGTE MENSCHEN

«Dann schmieden sie ihre Schwerter zu Pflugscharen um und ihre Speere zu Winzermessern.»

MICHA 4,3

«Schwerter zu Pflugscharen schmieden» heißen jene hoffnungsvollen Worte des Propheten Micha, die wir uns bei Friedensdemonstrationen ausgeliehen haben. Immer wieder standen wir mitten im hektischen Abendverkauf auf dem Marktplatz, um dank dieser Worte für den Frieden zu schweigen. Weshalb tun wir es heute nicht mehr? Die Mönche in Birma tun es, und sie riskieren sogar ihr Leben. Auch wenn wir nicht in einer Diktatur leben, so hätten wir allen Grund, es weiterhin zu tun, weil all die ungerechten Globalisierungsstrukturen zu vielen Menschen das Lebensnotwendige entziehen. Micha hat es uns ins religiöse Stammbuch geschrieben: «Es ist dir gesagt, Mensch, was gut ist und was Gott von dir fordert: Nichts als Recht tun und Güte lieben und in Demut wandeln mit deinem Gott» (Micha 6,8). Zeitlose Worte, die sich wie eine Zusammenfassung der biblischen Botschaft lesen lassen. Gottes Weg ist immer ein Gerechtigkeits- und Friedensweg. Werde ich beim Aufbrechen wieder mehr Verbündete finden? Ich bitte sehr darum.

Wecke uns auf
aus dem Schlaf der Genügsamkeit
stifte uns an zum Friedensaufstand

Durchbrich unsere Resignation
entzünde unser inneres Feuer neu
inspiriere uns zum kreativen Teilen

Stärke unser Rückgrat
verwurzele uns in deiner Liebe
bewege uns zum gewaltfreien Widerstand

Du
unser tiefster Friedensgrund

SEGNEN, TROTZ ALLEM

«Die Erde erhebt vor ihm ihre Stimme,
der Erdkreis und all seine Bewohner.
Vor seinem Groll – wer kann da bestehen?
Wer hält stand vor der Glut seines Zorns?»

NAHUM 1,5-6

Aufschrei, Groll, Zorn, Rachegedanken gehören zu unserem Leben. Wer sich solidarisiert mit den Entrechteten, wer sich hinauswagt in die Grausamkeit des Lebens, der wird kaum solchen Gefühlen ausweichen können. Angesichts der himmelschreienden Ungerechtigkeiten der Großmacht Assur, durch die die Völker Vorderasiens unterdrückt werden, schreit der Prophet Nahum und kündigt die Rache Gottes an, den Untergang der Stadt Ninive. Gottesbilder, die von einem rächenden Gott erzählen, kann ich nicht übernehmen. Sie können heilige Kriege rechtfertigen, die neues Leid schaffen.

Von einem leidenschaftlichen Gott will ich erzählen, der zornig wird, mit uns kämpft für eine gerechte Welt und zugleich segnend da ist. Die prophetischen Drohtexte des Ersten Testamentes können uns eine Hilfe sein, um die destruktiven Seiten unseres Lebens schonungslos anzuschauen. Sie erzählen immer auch vom Frieden, der mit Gerechtigkeit verwoben ist. In den Grenzsituationen des Lebens erinnere ich mich an wegweisende Worte von *Dietrich Bonhoeffer* (1906–1945), die er an Eberhard und Renate Bethge angesichts der Nazi-Diktatur geschrieben hat. Ihre Kraft berührt mich ganz tief: «Segnen, das heißt die Hand auf etwas legen und sagen: du gehörst trotz allem Gott. So tun wir es mit der Welt, die uns solches Leiden zufügt. Wir verlassen sie nicht, wir verwerfen, verachten, verdammen sie nicht, sondern wir rufen sie zu Gott, wir geben ihr Hoffnung, wir legen die Hand auf sie und sagen: Gottes Segen komme über dich, er erneuere dich, sei gesegnet, du von Gott geschaffene Welt, die du deinem Schöpfer und Erlöser gehörst. Wir haben Gottes Segen empfangen im Glück und im Leiden. Wer aber selbst gesegnet wurde, der kann nicht mehr anders als diesen Segen weiterzugeben, ja er muß dort, wo er ist, ein Segen sein.»

Deinen Segen suchen
mitten in den Ungerechtigkeiten
mitten in den Glücksmomenten
mitten in der Verzweiflung

Deinen Segen leben
trotz allem an das Gute glauben
im gewaltfrei-kämpferischen Mitsein
für Frieden in Gerechtigkeit

Du
unsere Segenskraft

BEHARRLICHE GEDULD

«Denn erst für eine bestimmte Zeit gilt, was du siehst; es eilt der Erfüllung zu und wird nicht enttäuschen. Und wenn es sich verzögert, so warte darauf; denn es kommt sicher und bleibt nicht aus.»
HABAKUK 2,3

Aktueller könnten die Klagerufe im kleinen prophetischen Buch Habakuk nicht sein. Die Weherufe über die Habsüchtigen, die Ausbeuter und die Gewalttätigen, die unrechten Gewinn anhäufen (Hab 2,6–20), sind leider immer noch Realität. Gottes neue Welt verzögert sich, doch sie ist keine Täuschung, sie wird auch Wirklichkeit durch prophetische Menschen, die alltäglich eine beharrliche Geduld einüben. Prophetische Menschen lassen sich nicht beirren, unermüdlich an einer gerechteren Welt mitzugestalten. Der nicaraguanische Dichter, Priester und Revolutionär *Ernesto Cardenal* (geb. 1925) schreibt dazu: «Viele Propheten sind gescheitert. Wir sollten nicht den Erfolg suchen, sondern einfach arbeiten, wie es uns aufgetragen ist ... Eine andere Welt ist möglich.»

Beharrliche Geduld darf nicht als fatalistisches Erdulden von Ungerechtigkeit verstanden werden. Der spannende Dialog des Propheten Habakuk mit Gott ermutigt zu einer Spiritualität, in der die Spannung zwischen klagender Empörung und leidenschaftlicher Gelassenheit aufrechterhalten wird. Jeden Tag ist uns aufgetragen, Leid und Ungerechtigkeit zu verhindern und zu überwinden. Jeden Tag wird uns zugemutet, auf die verwandelnde Kraft Gottes zu vertrauen, die sich trotz Habsucht und Gewalt unaufhaltsam erneuert. «Gott, ist meine Kraft. Er macht meine Füße schnell», heißt es im letzten Vers des Buches Habakuk (3,19). Sich in Gottes Liebe zu verwurzeln bedeutet, Kraft aus der Tiefe zu schöpfen, um unermüdlich mit anderen aufbrechen zu können für eine zärtlichere Gerechtigkeit. Vielleicht werden wir viele Früchte unseres Engagements nicht selbst ernten können. Trotzdem lohnt es sich dranzubleiben, damit auch kommende Generationen erfahren, wie Gottes Gegenwart zu Frieden in Gerechtigkeit anstiftet.

Du
bewegst zu einer leidenschaftlichen Gelassenheit
die Unrecht und Gewalt anklagt
um sie in beharrlicher Geduld überwinden
zu können

Du
sprichst durch prophetische Frauen und Männer
die mit Tiefgang und Weitblick
deinen Traum einer gerechteren Welt aussprechen

Du
ermutigst uns Kraft aus deiner Tiefe zu schöpfen
damit wir uns nicht selber in Feindbilder
verstricken
sondern gewaltfreie Formen des Widerstandes
erkennen

BETEN IST GEFÄHRLICH

«In jener Zeit bereite ich ein Ende deinen Peinigern. Ich helfe den Hinkenden und sammle die Versprengten. Ich bringe sie wieder zu Ruhm und Namen auf der ganzen Erde, wo sie Schmach erlitten haben.»
ZEFANJA 3,19

«Beten ist gefährlich, denn eine authentische Spiritualität wirkt subversiv gegen Ungerechtigkeit. Unterdrückerische und ungerechte Regierungen sollten verhindern, dass die Menschen zu Gott beten, sollten verhindern, dass sie die Bibel lesen und darüber meditieren, denn all dies wird sie zwingen, an der Errichtung von Gottes Reich der Gerechtigkeit, des Friedens, des Lachens, der Freude, des Miteinanders, des Teilens, der Versöhnung, des Mitgefühls zu arbeiten», schreibt der anglikanische Erzbischof *Desmond Tutu* (geb. 1931), Friedensnobelpreisträger und Symbolfigur der Anti-Apartheid-Bewegung in seinem Buch «Versöhnung. Sei wahr und werde frei» (Freiburg im Breisgau 2008). Er verdeutlicht damit die prophetische Seite jeder Religion. Jene Seite, die unermüdlich Unrecht beim Namen nennt und die zugleich ver-rückte Visionen entwirft. In den drei Kapiteln des Propheten Zefanja findet sich auch diese subversive Kraft eines religiösen Weges;

allerdings mit höchst problematischen Rachebildern, die einem Fundamentalismus Tür und Tor öffnen können. Rachegefühle können uns besetzen im Kampf für Gerechtigkeit. Ein Gottesbild, das uns Rachewünsche in Tat umsetzen lässt, verstärkt die Eskalation der Gewalt. Darum ist ein kluger und kritischer Dialog mit den Propheten notwendig. Sie können uns zu einer echten Versöhnung inspirieren, die alle Gefühle zulässt, damit sie verwandelt werden. Ein Weg, in dem nach einem jahrelangen Prozess dem Täter vergeben werden kann. Desmond Tutu schreibt: «Vergebung bedeutet, das Recht aufzugeben, es dem Täter mit gleicher Münze heimzuzahlen, aber es ist ein Verlust, der das Opfer befreit.»

Du
schenkst uns echte Worte der Versöhnung
die Unrecht schonungslos aufdecken
damit die Kraft zur Vergebung wachsen kann

Du
gehst mit uns durch dunkle Gefühle hindurch
zu einem gemeinsamen Weg der Befreiung
damit alle Menschen Ansehen erhalten

Du
bist unsere friedensstiftende Mitte
inspirierst uns zum gewaltfreien Widerstand
damit Opfer den Tätern vergeben können

DEN INNEREN TEMPEL BETRETEN

«Ihr habt reichlich gesät und wenig heimgebracht; beim Essen werdet ihr nicht satt und beim Trinken bekommt ihr nicht genug. Ihr habt wohl Kleider zum Anziehen, aber keinem wird warm, und wer sich Geld verdient, spart in einen löchrigen Beutel. So spricht GOTT: Denkt darüber nach, wie es euch geht. Steigt hinauf in das Gebirge, schafft Holz herbei und baut den Tempel wieder auf.»
HAGGAI 1,6–7

Das Buch des Propheten Haggai besteht nur aus zwei kleinen Kapiteln. Darin geht es um den Aufruf zum Wiederaufbau des Tempels, der nicht durch das Bauen von Wohnhäusern vernachlässigt werden darf. Ein gutes Lot, ein gesunder Lebens- und Arbeitsrhythmus ist notwendig, um an Leib-Geist-Seele genährt zu werden. Darum sind diese prophetischen Worte von bleibender Aktualität. Wir brauchen im Leben ein eigenes Zuhause und Gemeinschaftsräume, wo das Heilige einen weiten Raum für die Seele erhält. Im Wort «Kontemplation» steckt das Wort «templum» und verweist uns auf jenen inneren, heiligen Ort, zu dem niemand Zutritt hat. *Teresa von Ávila* spricht von der «Seelenburg», *Meister Eckhart* vom «Seelenfünklein», *Johannes Tauler* vom «inneren Grund», um uns zu erinnern, dass unser Wert aus unserem Sein entspringt. All unser kämpferisches Tun empfängt durch das regelmäßige Betreten des inneren Tempels eine tiefere Bedeutung. Jene erlösende Einsicht, dass Gott all unserem Tun mit seiner Gnade zuvorkommt. Im schweigenden Innehalten, im Eintauchen in das Wohnen Gottes in uns, können wir die Friedenskraft auf der ganzen Welt verstärken.

Du
schenkst unserem Arbeiten
einen tieferen Sinn
der über uns selber hinausweist

Du
bestärkst uns zum Zupacken
im Entfalten unserer Verantwortung
die gemeinschaftsstiftend wirkt

Du
ermutigst uns zum Geschehenlassen
im Einüben des Loslassens
das uns vom Habenwollen befreit

Du
lädst uns ein zum schweigenden Kraftschöpfen
im Betreten unseres heiligen Ortes in uns
der unsere Verbundenheit mit allem nährt

DEM WUNDERBAREN TRAUEN

«So spricht GOTT*: Es werden wieder alte Männer und Frauen auf den Plätzen Jerusalems sitzen, jeder mit einem Stock in der Hand wegen seines hohen Alters. Die Straßen der Stadt werden voll Knaben und Mädchen sein, die auf den Straßen spielen. So spricht* GOTT*: Wenn dies dem Rest des Volkes in diesen Tagen zu wunderbar erscheint, muss es dann auch mir zu wunderbar erscheinen?»*

SACHARJA 8,4-6

Das Leben schreibt Geschichten, die man kaum erfinden kann. In dem Film «Schmetterling und Taucherglocke» (2007) von *Julian Schnabel* werden die Lebenserinnerungen von *Jean-Dominique Bauby* (1952–1997) verfilmt, der mit 41 Jahren durch einen schweren Schlaganfall vollkommen gelähmt ist. Er ist bei vollem Bewusstsein, kann nicht mehr sprechen und nur noch sein linkes Auge bewegen. Eine erdrückend-beklemmende Situation. Dann wird das Wunderbare möglich. Seine Logopädin bestärkt ihn zur Kommunikation, indem sie ihm mühsam das ganze Alphabet unendliche Male vorsagt und er beim entscheidenden Buchstaben blinzelt. Das Unmögliche geschieht, er «blinzelt» ein ganzes Buch, das 1997 in Frankreich zu einem großen Bestseller wird und nun auch dank dem einfühlsamen Film und der gleichnamigen deutschen Taschenbuchausgabe viele Menschen zur Hoffnung bewegen kann. Dieser Film berührt mich sehr tief, und ich bringe ihn in Verbindung mit den bewegenden Worten aus dem Prophetenbuch Sacharja: «Wenn dies dem Rest des Volkes zu wunderbar erscheint, muss es dann auch mir zu wunderbar erscheinen?» (8,6). Ein zeitloses Geschehen. Gott ereignet sich als hoffnungsvolle Kraft, die dem Wunderbaren im Leben mehr zutraut. Bemerkenswert ist die Tatsache, dass das Bild der befreienden Begegnung von Jung und Alt auf den Straßen von Jerusalem in eine Zeit der Resignation nach der Rückkehr aus dem Exil hineingewoben wird. Gott ist beweglicher als unsere einengenden Vorstellungen, er sprengt unsere Mauern und Grenzen. «Er überholt uns», wie dies *Reinhard Kirste* in seinem anregenden Buch «Die Bibel interreligiös gelesen» (Nordhausen 2005) umschreibt. Mitten in unseren verzweifelten Situationen dürfen wir dem unerwarteten Entgegenkommen Gottes trauen.

Du
bewegst uns zum Wunderbaren
das sich in der unerschöpflichen Kraft
des einfachen Mitteilens ereignet

Du
schenkst uns am Tag und im Traum
unglaubliche Hoffnungsbilder
die unsere Resignation verwandeln

Du
durchbrichst unsere engen Grenzen
zeigst uns neue Perspektiven auf
die von deiner Zuwendung erzählen

Du
bist mein Urvertrauen

GEERDETER VERSÖHNUNGSWEG

«Er wird das Herz der Väter wieder den Söhnen zuwenden und das Herz der Söhne ihren Vätern.»
MALEACHI 3,24

Im letzten Vers des Ersten Testamentes wird sichtbar, wie all die vielen biblischen Geschichten und Prophetenworte aus der großen Hoffnung leben, dass alle Menschen sich versöhnen können mit ihrer eigenen Geschichte, mit ihren durch-kreuzten Lebensplänen. Eine Versöhnung, die nicht machbar ist, die auf unsere Bereitschaft angewiesen ist und doch immer Geschenk bleibt. Ich liebe diese geerdete Spiritualität in der Hebräischen Bibel, in der all unsere Gefühle und Gedanken, die vertrauensvollen und destruktiven, in Verbindung gebracht werden mit der großen, verbindlichen Weggemeinschaft, die Gott jeden Tag mit uns geht. Auch beim Propheten Maleachi, der im 5. Jahrhundert vor Christus gewirkt hat, kann ich die vielen Droh- und Gerichtsworte nicht einfach übernehmen in meine alltägliche Gottessuche. Doch sie fordern mich heraus, mich niemals an Ungerechtigkeiten zu gewöhnen. Sie schaffen mir einen weiten Raum, der aus der Hoffnungskraft lebt, dass echte Versöhnung dank einer befreienden Konfliktfähigkeit in Familien, Arbeitsbeziehungen und zwischen Religionen und Ländern möglich ist.

Eine Versöhnung, die sich auch im interreligiösen Dialog ereignen muss. Im jüdisch-christlichen Dialog bedeutet es, hartnäckige Vorurteile zu überwinden. Der Jesuit *Christian Rutishauser* bringt es in seinem klärenden Buch «Christsein im Angesicht des Judentums» (Würzburg 2008) auf den Punkt: «Wenn für das Alte Testament von einem Gott der Rache und der Gewalt gesprochen wird, dem Jesus einen Gott der Liebe gegenüberstelle, wird blanker Unsinn verbreitet. In beiden Teilen der Bibel offenbart sich derselbe Gott der Gerechtigkeit und der Liebe.» Der Dreiklang der Gottes-, Nächsten- und Selbstliebe konkretisiert sich im leidenschaftlichen Mitgestalten an einer gerechteren und friedvolleren Welt. Dieser solidarische Aufbruch konfrontiert uns mit den zerstörerischen Schattenseiten des Lebens und mit dem unaufhaltsamen Vertrauen, dass unsere verhärteten Herzen durch Gottes Zuwendung verwandelt werden.

Du
schaffst uns Versöhnungsräume
die Konfliktbereitschaft fördern
damit echter Friede wachsen kann

Du
zeigst uns Versöhnungsschritte auf
im Integrieren unserer Destruktivität
im Horchen auf unsere Herzensstimme

Du
offenbarst deine Liebe
durch unseren Kampf für Gerechtigkeit
der viele neue Hoffnung schöpfen lässt

BEFREIENDES WACHSTUM

«Da gingen die Knechte zum Hausherrn und sagten: Herr, hast du nicht guten Samen auf deinen Acker gesät? Woher hat er nur das Unkraut? Er antwortete ihnen: Das hat ein Feind getan. Da fragten ihn die Knechte: Sollen wir gehen und es ausreißen? Er erwiderte: Nein, ihr könntet beim Einsammeln des Unkrauts zugleich auch den Weizen ausreißen. Lasst beides miteinander wachsen bis zur Ernte.»

MATTHÄUS 13,27–30

Ich gehe gerne in die Lebensschule bei Jesus von Nazaret. Seine lebensbejahenden Wachstumsgleichnisse zeigen mir die Tiefendimension des Lebens auf, und sie schaffen mir einen weiten Raum der Toleranz. Jesus mutet seinen Jüngerinnen und Jüngern in der Bergpredigt zu, vollkommen zu werden (Mt 5,48), weil wir alle über uns selbst hinauswachsen können. Diese Grundhaltung bedeutet jedoch nicht, sich über andere Menschen zu stellen, selbstgerecht zu werden, andere zu verurteilen. «Richtet nicht ...» (Mt 7,1) heißen die zentralen Worte, die sich auch in meinem Lieblingsgleichnis vom Unkraut und vom Weizen verdichten. Es gibt kein klinisch reines Wachstum. Wer sich dem Leben in die Arme wirft, der erfährt Schönes und Widersprüchliches. Wer seine Talente einsetzt für andere, wird auch konfrontiert mit der eigenen Unvollkommenheit. Vollkommen sein bedeutet für mich, das Helle und Dunkle, das Gelungene und das Scheitern in meinem Leben zu integrieren. Der UN-Generalsekretär und Mystiker *Dag Hammarskjöld* (1905–1961) schreibt in seinem spirituellen Tagebuch: «Jesu ‹Inkonsequenz›: er saß mit Zöllnern und Sündern zu Tisch und ging mit Huren um. Tat er es, um wenigstens ihre Stimmen zu gewinnen? Oder tat er es, weil seine Menschlichkeit tief und reich genug war, um auch in ihnen die Beziehung zu stiften zu dem Gemeinsamen, Unzerstörbaren, worauf die Zukunft gebaut werden muss.»

Diese Gute Nachricht richtet mich auf. Sie bestärkt mich, unermüdlich auf die Suche zu gehen nach dem unzerstörbaren göttlichen Kern, der in jedem Menschen ruht und wirkt. In Jesus wird die heilende Kraft Gottes hautnah spürbar, weil er die Menschen nicht auf ihre Mängel reduziert, sondern ihr unerschöpfliches Wachstumspotenzial freilegt. Eine befreiende Praxis, die im Hier und Jetzt auch durch uns erfahrbar wird, wenn wir transparent werden für Gottes Gegenwart, die auch durch uns durchscheint.

Du
ruhst und wirkst
als heilende Kraft
in jedem Menschen

Du
legst in uns frei
was verschüttet ist
bestärkst uns zur Lebendigkeit

Du
mutest uns zu
reifen und wachsen zu können
mit Licht und Schatten

Du
stiftest uns an zur Toleranz
damit echte Gemeinschaft
in der Verschiedenheit sein darf

Du
unsere Christuskraft

SICH FINDEN LASSEN

«Jesus sprach: Die Zeit ist erfüllt und das Reich Gottes ist nahe. Kehrt um und glaubt an das Evangelium!»
MARKUS 1,15

«Entscheidend im Leben ist, dass wir immer schon Gefundene sind», sagt die Mystikerin *Dorothee Sölle* (1929–2003) in ihrem letzten Vortrag zum Thema «Gott und das Glück». Sie erinnert uns an eine befreiende Lebensgrundhaltung: Wir müssen Gott nicht immer suchen, weil wir uns von ihm finden lassen können. Diese Gute Nachricht verdichtet sich auch am Anfang des Markusevangeliums. Das Wesentliche ist schon da. Gott wohnt und wirkt jetzt schon in jedem Menschen. Dieser Zu-spruch stärkt uns vor allen An-sprüchen. Die Auferstehungskraft erneuert sich uns, wenn wir hineintauchen in diese ermutigende Vor-gabe unseres Daseins. Ein neuer Horizont eröffnet sich uns, der auch all unserem Ringen, Zweifeln und Klagen eine Hoffnungsperspektive aufzeigt. Gott, die Quelle unseres Lebens, kommt all unserem Tun mit seiner Gnade, seinem Entgegenkommen zuvor. Der islamische Sufimeister *Rumi* (1207–1273) erzählt in poetischen Worten von diesem Urvertrauen: «Nicht nur die Durstigen suchen das Wasser – das Wasser sucht auch die

Durstigen.» Die göttliche Ausstrahlungskraft Jesu lässt Menschen diese Wende erfahren. Jene innere Wende, die kranke Menschen eine heilende Kraft erfahren lässt, Zerbrochene ihre versöhnende Spur, Entrechtete ihre einmalige Würde und Verzweifelte ihren Weg zum Licht. Sie warten nicht mehr ein Leben lang auf ein großes Wunder, sie erkennen im Hier und Jetzt, in der Kraft des Augenblicks, den wunderbaren Lebensatem Gottes als nährende Gegenwart.

Du
bist die Mitte unseres Daseins
längst bevor wir dich suchen

Du
kommst uns entgegen mit Wohlwollen
nimmst uns an wie wir jetzt sind

Du
führst uns zum Wendepunkt
bist uns heilend-versöhnend nahe

Du
richtest uns auf zum Wesentlichen
bestärkst uns zum einfachen Lebensstil

Du
Quelle unseres Mitseins

DIE KRAFT DER ERINNERUNG

«Jesus wurde das Buch des Propheten Jesaja gereicht.
Er öffnete das Buch und fand die Stelle, wo
geschrieben stand:
Der Geist des Herrn ruht auf mir,
weil er hat mich gesalbt hat.
Er hat mich gesandt,
den Armen eine gute Nachricht zu bringen,
den Gefangenen Befreiung zu verkünden
und den Blinden das Augenlicht,
die Zerschlagenen in Freiheit zu entlassen,
auszurufen ein Gnadenjahr des Herrn.»

LUKAS 4,17–19

Am 16. November 1989 wurden in El Salvador sechs Mitbrüder einer Jesuitengemeinschaft von einem Spezialkommando der Armee grausam ermordet. Der Jesuit und Theologieprofessor *Jon Sobrino* hat einem von ihnen, *Ignacio Ellacuria* (1930–1989), zu jedem Jahrestag seines Todes einen Brief geschrieben. Diese bewegenden Dokumente sind in der Reihe «Ignatianische Impulse» als eindrückliches Buch erschienen: «Der Preis der Gerechtigkeit. Briefe an einen ermordeten Freund» (Würzburg 2007). Darin wird sichtbar, wie entscheidend die Kraft der Erinnerung in unserem Leben ist. Ein innerer Weg führt immer wieder hinaus in den Kampf für Frieden in Gerechtigkeit. Geerdete Innerlichkeit lebt von der Erinnerung, die die nährende Kraft der Worte und der Praxis eines Menschen, einer Gemeinschaft, neu ins eigene Leben hineinwebt. Dieser aufrechte Gang, der aus einer tieferen Verbundenheit schöpft, offenbart sich in Jesus von Nazaret, der am Anfang seines Wirkens für sein Manifest der Menschen- und Gottesliebe herausfordernde Worte des Propheten Jesaja auswählt. Im Sein und Wirken Jesu wird das heilende Wort konkret, hautnah spürbar. Jon Sobrino schreibt seinem ermordeten Freund: «Ellacu, Du warst ein unverbesserlicher Jesuaner. Das Wesen Jesu war in Deinem Denken immer gegenwärtig, nicht nur in Deinem theologischen Schaffen, sondern auch in Deinen politischen und gesellschaftlichen Analysen.» Exemplarisch spricht Jon Sobrino vom «Wesen Jesu», das sich in unserer eigenen Menschwerdung ereignet als Auferstehungskraft. Wir können wesentlicher werden, wenn wir selbst heilende Versöhnung erfahren und wenn wir solidarisch sind mit Verzweifelten, Entrechteten, Verletzten.

Du
lebst als tiefe Auferstehungskraft
in allen Menschen
die heilend-versöhnend da sind

Du
wirkst als nährende Erinnerungskraft
im Aufbruch all jener Menschen
die mitten im Tod die Ewigkeit erahnen

Du
bist unsere Hoffnungskraft
die uns wesentlicher werden lässt
für Frieden in Gerechtigkeit

DER KLANG DER EWIGKEIT

«Euer Herz erschrecke nicht. Glaubt an Gott und glaubt an mich! Im Haus meines Vaters gibt es viele Wohnungen.»

JOHANNES 14,1–2

Wie heilend biblische Worte sein können, lässt sich im bewegenden Buch von *Lytta Basset* «Euer Herz sei ohne Angst. Wie ich aus tiefstem Schmerz zu einem neuem Leben fand» entdecken. Lytta Basset ist Professorin für Evangelische Theologie an der Universität Neuchâtel. Am 7. Mai 2001 ist ihr 24-jähriger Sohn Samuel durch Suizid gestorben. In ihrem Tagebuch findet ihre Verzweiflung, ihre Trauer, ihre Ohnmacht und ihr Schmerz einen weiten Raum.

Sie bringt ihr Erschüttertsein immer wieder behutsam in Verbindung mit tröstenden Worten aus dem Johannesevangelium. Eine spirituelle Reise wird möglich, weil sie die Bibel nicht wortwörtlich nimmt, sondern existenziell vertieft. Die verdichteten Erfahrungen, die in den Abschiedsreden Jesu zu finden sind, und die große Sehnsucht von Maria aus Magdala am Grab und in der Begegnung mit dem Auferstandenen lassen sie mit viel psychologischem Feingefühl und kritisch-theologischer Weite eine neue Beziehung zu ihrem verstorbenen Sohn und seinem Auferstehungsweg finden. Dieses Geschenk ereignet sich nicht ein für alle Mal, sondern immer wieder. Es ermutigt zu einem jahrelangen Trauerweg, dem Leben zuliebe. Darin wird die Grundmelodie des Johannesevangeliums hörbar, die den Klang der Ewigkeit in uns und in unseren Beziehungen entfaltet. Jener Klang, der uns zumutet, mit all unseren Lebenserfahrungen, den beglückenden und erdrückenden, in die Tiefe zu gehen: zum inneren Vertrauensort, in dem wir das Eingebundensein in den Ursprung aller Liebe erahnen und erfahren können. Jene Verbundenheit, die uns erinnert, dass unsere wahre Heimat im jetzigen Augenblick ist *(Thich Nhat Hanh).* Im Hier und Jetzt können wir das Einwohnen Gottes in uns erfahren, das uns von der ewigen Heimat im Himmel erzählt, in der alles gut aufgehoben ist.

Du
bist unser Hoffnungsklang
der unser Vertrauen stärkt
in die bleibende Kraft der Liebe
die stärker ist als der Tod

Du
bist unser innerer Weg
der uns durch den Schmerz hindurch
zu einer neuen Lebendigkeit führt
die aufrichtet zur Toleranz

Du
bist unsere innere Wahrheit
die uns authentische Menschen werden lässt
im Aushalten unserer Erschütterungen
im Auferstehen zur Solidarität

Du
bist unsere innere Auferstehung
die uns in der Ewigkeit verwurzelt
im Verweilen im Augenblick
das uns verbindet mit allem

ES GIBT KEINEN GOTTLOSEN MENSCHEN

«Sie sollten Gott suchen, ob sie ihn fühlen und finden könnten; er ist keinem von uns fern. Denn in ihm leben wir, bewegen wir uns und sind wir.»
APOSTELGESCHICHTE 17,27-28

Jesus lässt uns hautnah erfahren, dass wir nicht von Gott getrennt sind, sagt der Benediktiner und Mystiker *David Steindl-Rast* (geb. 1926). Er spricht mir aus dem Herzen. Wir alle können mystische Menschen sein, Menschen, die in all ihren Lebensvollzügen das Sich-Ereignen Gottes erahnen. Gott ist keinem von uns fern, wir leben schon in ihm, atmen in ihm, bewegen uns in ihm, wie dies in der Rede des Apostels Paulus in Athen verkündet wird.

Eine wegweisende Sicht, die grundlegend ist für einen interreligiösen Dialog. Es gibt keinen gottlosen Menschen, kein Mensch kann Gott los werden! Dieses Urvertrauen verleugnet nicht, dass das Wirken Gottes in einem Menschen wie zugeschüttet sein kann. Natürlich können wir uns in einer destruktiven Spirale des Egoismus und der Gewalt verlieren. Jede und jeder von uns findet Anteile der Ungerechtigkeit dieser Welt auch in sich. An Christus glauben heißt, an die Verwandlung eines jeden Menschen zu glauben. Die Erfahrungen der ersten

Christinnen und Christen zeigen uns, wie diese Hoffnung Grenzen des Misstrauens und der Intoleranz sprengen kann. Ver-rückte Lebensformen wie die Gütergemeinschaft der Urgemeinde (Apg 4,32–37) werden möglich. Eine lebensbejahende Konfliktfähigkeit gehört zu diesem Glaubensweg, wie das Apostelkonzil uns nahelegt (Apg 15). Heilende Begegnungen ereignen sich, weil Frauen und Männer ihr Licht nicht verstecken und sich zugleich von sich selbst lösen, damit der Atem des heilenden Geistes Gottes noch mehr durch sie fließen kann. Multikulturelle Feste werden gefeiert, in der die Sprachverwirrung abgelöst wird durch eine verbindende Herzenssprache, die das Pfingstfest (Apg 2) uns auch heute zutraut.

Du
sprengst unsere engen Grenzen
in eine solidarische Weite
die Menschen aufatmen lässt

Du
atmest in uns
bist unsere innere Begleitung
die uns heilende Versöhnung schenkt

Du
bewegst uns zutiefst
träumst in uns deine Vision
einer gerechteren Welt

Du
lebst in uns
durchbrichst unser Misstrauen
verwandelst uns zur Liebe

IN BEWEGUNG BLEIBEN

«Sind wir nun mit Christus gestorben, so glauben wir, dass wir auch mit ihm leben werden.»
RÖMER 6,8

Ein spiritueller Weg lässt uns Tag für Tag in das befreiende Vertrauen hineinwachsen, nicht ein für alle Mal die großen biblischen Verheißungen in der eigenen Menschwerdung freilegen zu können, sondern ein Leben lang. Glauben können ist keine statische Angelegenheit, sondern ein dynamischer Prozess, der sich in der täglichen Erneuerung bewährt. Diese Grundhaltung ist entscheidend, um die biblischen Briefe, die vor allem der Apostel Paulus uns schenkt, wirklich in unser Leben integrieren zu können. Diese frühchristlichen Zeugnisse spannen einen großen Regenbogen über unser Leben. Sie nehmen die Herausforderungen, Konflikte und Grenzerfahrungen unseres Lebens ernst, und zugleich zeigen sie uns auf, dass wir mehr sind, als wir begreifen können, weil wir in der Ewigkeit verwurzelt sind. Der Franziskanerpater *Richard Rohr* (geb. 1943) entfaltet in seinem bemerkenswerten Buch «Ins Herz geschrieben. Die Weisheit der Bibel als spiritueller Weg» (Freiburg im Breisgau 2009) geradezu exemplarisch die Lebenskunst eines beweglichen Glaubens, der grundgelegt ist in den vielfältigen biblischen Büchern: «Das Leben selbst – und ebenso die Bibel – ist ein Prozess, der sich immer drei Schritte vorwärts und zwei Schritte zurückbewegt. Wir finden wieder einen Punkt, den wir dann wieder verlieren oder in Zweifel ziehen. Darin ist der Bibeltext ein Spiegel unseres menschlichen Bewusstseins und unserer Lebensreise.»

In einer geerdeten biblischen Spiritualität lernen wir zu unterscheiden, welche drei Schritte vorwärtsgehen und welche zwei Schritte zurückführen. Vorwärts, in eine innere Freiheit, führen uns nach Richard Rohr die Texte, die in Richtung Erbarmen, Vergebung, Nicht-Ausgrenzen, Nicht-Gewalt, Vertrauen weisen. Rückwärts, in die Angst, führen uns die Texte von Rache, göttlicher Kleinlichkeit, Überordnung von Gesetz über Gnade. So wird der Liebes-, Kreuz- und Auferstehungsweg Jesu archetypisch zum Hoffnungsweg für unsere Existenz, weil wir alltägliches Sterben durch Enttäuschungen und Widersprüche integrieren können in unsere Beziehungen, vertrauend, dass Christus mit uns einer neuen Lebendigkeit entgegengeht. Erstes und Neues Testament werden so nicht mehr gegeneinander ausgespielt, sondern sie erzählen von der unaufhaltsamen Entwicklung und Verwurzelung, die uns immer mehr die bedingungslose Liebe Gottes offenbaren.

Im Bild vom Ölbaum zeigt Paulus der christlichen Gemeinde auf, wie lebensnotwendig die eigenen Wurzeln sind: «Nicht du trägst die Wurzel, sondern die Wurzel trägt dich» (Röm 11,18). Jene Wurzeln, die uns verbinden mit allen liebenden Menschen.

Du
bewegst uns zutiefst
begleitest uns in die Tiefe
die uns in die Weite führt

Du
verwurzelt uns
in deiner großen Liebe
die uns aufatmen lässt

Du
stirbst mit uns alltäglich
stehst mit uns auf
als stärkende Hoffnungskraft

Du
bist unser Vertrauensweg

BEFREIT ZUR LIEBE

«Und wenn ich all meine Habe verschenkte und wenn ich meinen Leib zum Verbrennen hingäbe, hätte aber die Liebe nicht, so nützte es mir nichts.»
1 KORINTHER 13,3

Meine Eltern haben mir einen kraftvollen Satz ins Leben mitgegeben: «Das Ethos einer Gemeinschaft zeichnet sich dadurch aus, wie sie mit den Schwächsten umgeht.» Zum Glück wurde dieser Gedanke nicht nur regelmäßig wiederholt in unserem Zusammensein, sondern auch gelebt; mehr oder weniger, so wie echtes Leben eben ist. Wir brauchen ethische Grundregeln der Menschlichkeit, die sich auch bewähren im Entdecken, dass die ganze Schöpfung durch die Liebe Gottes beseelt ist. Die befreiende Kraft der Liebe entfaltet der Apostel Paulus im wunderbaren Hohenlied der Liebe (1 Kor 13). Unmissverständlich zeigt er uns auf, dass die Grundhaltung unseres Tuns entscheidend ist, um wirklich Kreise ziehen zu können. Glaubende und hoffende Menschen halten nicht stur an einer Wahrheit fest, sondern sie vertrauen auf die Kraft der Liebenden, die Geborgenheit und Freiheit unter den Menschen fördert. Der Mystiker *Augustinus* (354–430) wird später diese Lebenseinstellung in einem Satz auf den Punkt bringen: «Liebe und tu, was du willst!» Eine anspruchsvolle Gratwanderung, die uns zumutet, unsere Gewissensbildung zu pflegen, um die Verantwortung für unser Sein und Handeln wahrzunehmen.

Wie schwierig es sein kann, liebend unterwegs zu sein, zeigt uns der 1. Korintherbrief selber. Er konkretisiert das Geschenk der Liebe in einem lebenslangen Einüben einer Konfliktfähigkeit, weil echte Liebe Unrecht benennt und sich auf die Seite der Verletzten und Verlorenen stellt: «Seid wachsam, steht fest im Glauben, habt Mut und seid stark! All euer Tun vollziehe sich in Liebe» (16,13–14). In einem der urmystischen Texte in der christlichen Bibel, in der Rede vom Jüngsten Gericht bei Matthäus 25,31–46, wird auch sichtbar, dass die Liebe über allem steht: «Was ihr dem Geringsten meiner Geschwister getan habt, das habt ihr mir getan» (25,40).

Echte Liebe befreit uns zu einem solidarischen Aufbruch, um in unserem Lachen und Weinen, Suchen und Finden, Kämpfen und Hoffen, Gottes heilende Gegenwart zu erahnen. Dabei kann uns auch die Gabe des Humors entscheidende Impulse geben, um jeden Tag hineinzuwachsen in das Vertrauen, dass die Liebe sogar stärker ist als der Tod. Über sich selbst lachen zu können befreit zur Liebe. In einer verfahrenen Gesprächssituation kann ein ansteckendes Lachen uns erinnern, dass wir mehr sind als unsere Leistung und unsere Orientierungen. Die folgende Geschichte, die mir ein zehnjähriges Mädchen geschenkt hat, erzählt von der großen

Fantasie der Liebe Gottes: «In einem wunderschönen Pfarrgarten steht ein prächtiger Birnbaum. Um seine kostbaren Birnen zu schützen, schreibt der Pfarrer auf ein großes Plakat: ‹Klaut mir meine Birnen nicht. Gott sieht es!› Einige Tage später steht auf dem Schild, mit Kinderhand geschrieben: ‹Er hat es gesehen, aber er verrät uns nicht!›»

Du
befreist uns zu deiner Liebe
die wir mit all unseren Sinnen
ganzheitlich erfahren können

Du
bestärkst uns im Glauben
an deine liebende Kraft
die alles beseelt

Du
bewegst uns zur Hoffnung
im Einüben einer Konfliktfähigkeit
die Gerechtigkeit fördert

Du
erfüllst uns jeden Tag neu
mit Deiner zärtlichen Liebe
die große Kreise zieht

Du
bist die Liebe

KOSTBARE ZERBRECHLICHKEIT

«Wir haben aber diesen Schatz in zerbrechlichen Tongefäßen, damit der Überschwang an Kraft Gott zugemessen wird und nicht uns. In allem sind wir bedrängt, aber nicht erdrückt, im Zweifel, aber nicht in Verzweiflung, verfolgt, aber nicht verlassen, zu Boden geworfen, aber nicht zugrunde gerichtet.»
2 KORINTHER 4,7–9

Weshalb ich so leidenschaftlich gerne Christ sei, werde ich bei meinen Seminaren zu einer mystischen Spiritualität ab und zu gefragt. Ich erwähne dann gerne das Symbol des göttlichen Schatzes aus dem 2. Korintherbrief, der auch in unserer Zerbrechlichkeit aufscheint. Ich bin berührt von der Verheißung, dass in jeder und jedem von uns eine kostbare Gabe zu finden ist: die Auferstehungskraft, die unseren Blick weitet für das Vertrauen, auch an durch-kreuzten Lebensvorstellungen wachsen und reifen zu können. Die beiden Korintherbriefe enthalten die ältesten Zeugnisse der Auferstehungshoffung (1 Kor 15), die wir schon im Hier und Jetzt erleben können. Sie erzählen von einer tiefen Lebensweisheit, die uns einlädt, das Sterben in unser Leben zu integrieren. Wir sterben jeden Tag durch Enttäuschungen kleine Tode. Sie muten uns zu, dem Auf und Ab unserer Existenz eine lebensbejahende Sinndeutung zu verleihen. Darum werden die Schwierigkeiten in der jungen Christengemeinde in Korinth nicht verharmlost, sondern klar und deutlich ausgesprochen. Eine befreiende Anerkennungs- und Konfliktkultur wird sichtbar, die sich auch im bekannten Hohelied der Liebe (1 Kor 13) verdichtet. Berührend ist die Entfaltung eines Menschenbildes, in dem die Zerbrechlichkeit und das Scheitern integriert werden, ohne dass die Lebenskraft unterdrückt wird.

Der Apostel Paulus geht ganz auf in seiner Lebensaufgabe und bewirkt Großartiges für die befreiende Botschaft des Christentums. Zugleich steht er sogar als Mann zu seinen Grenzen, seiner Verwundbarkeit, die gut aufgehoben ist in den heilenden Worten des Auferstandenen: «Es genügt dir meine Gnade, denn die Kraft wird in der Schwachheit vollendet» (2 Kor 12,9). Aufrichtende Worte, die mich bestärken zu einer spirituellen Lebensgrundhaltung, in der mein innerer Schatz freigelegt und entfaltet wird und in der meine Zerbrochenheit mir zur Kraft wird, weil sie dank dem Atem Gottes alltäglich verwandelt wird.

Du
führst uns mitten im Leben
zu unserem inneren Schatz
der uns verbindet mit der Schöpfung

Du
schenkst meiner Zerbrechlichkeit
eine lebensbejahende Wende
im Vertrauen auf heilende Verwandlung

Du
bestärkst uns in der Hoffnung
im Leben und im Sterben
in dich hineingeboren zu werden

MYSTISCHE LEBENSGESTALTUNG

«... nicht mehr ich lebe,
sondern Christus lebt in mir.»
GALATER 2,20

Während einer Schweigewoche in Taizé meditierte ich als junger Erwachsener den Galaterbrief. Tief angerührt war ich von den wenigen Worten «Christus lebt in mir». Angst und Panik spürte ich bei den Worten «nicht mehr ich lebe», die eingeleitet werden mit der herausfordernden Zumutung, mit Christus gekreuzigt zu werden. Mein inneres Ergriffensein war stärker als meine Angst, zu kurz zu kommen. Darum begleitet mich seit über 30 Jahren dieser Bibelvers, er steht in vielen meiner Tagebücher. Längst bevor ich die Kraft einer mystischen Lebensgestaltung entdeckte, führte er mich zu zwei zentralen Grundhaltungen einer gesunden Spiritualität, die sich in der Spannung von Geborgenheit und Freiheit verdichtet. Meine Sehnsucht ist groß, aufgehoben zu sein, nicht aus mir selber heraus leben zu müssen, mich tragen und begleiten zu lassen. Meine Angst ist auch groß, mich nicht entfalten zu können, weil mein eigener Wille angesichts des Willen Gottes scheinbar keine Bedeutung haben soll. Mein Burn-out mit 38 Jahren hat mich in die

Mitte dieser Auseinandersetzung geführt. Monatelang irrte ich verzweifelt umher, bis mich die Worte aus dem Galaterbrief als Befreiung erreichten.

Wie ein Regen nach einer langen Dürrezeit erahnte ich im inneren Dialog mit vielen mystischen Menschen, dass der auferstandene Christus mich zu mir selbst führt, damit ich mich besser loslassen kann. Weil Gott mir näher ist als ich mir selbst, kann ich mich wirklich entfalten und in meiner Lebensauf-gabe aufgehen, wenn sein heilender Geist noch mehr durch mich fließen kann. Diese Geborgenheit führt in eine große innere Freiheit, die auch als zentrales Anliegen zum Galaterbrief gehört: «Da gibt es nicht mehr Juden und Griechen, Sklaven und Freie, da gibt es nicht Mann und Frau. Denn ihr alle seid *einer* in Christus Jesus» (3,28). Höchst aktuelle Worte, die jegliche Diskriminierung in Kirche und Gesellschaft verbieten. Die Biografien vieler Mystikerinnen und Mystiker erzählen von diesem Aufbruch für eine offene kirchliche Gemeinschaft, die mit unterschiedlichsten Menschen Beheimatung und Eigenständigkeit einübt. Religionsfreiheit und Respekt für die einmalige Würde eines jeden Menschen sind die Früchte einer Verwurzelung in Christus.

Du
lebst in mir
als tiefes Geheimnis
das mich zu mir selbst befreit

Du
wohnst in mir
als klärender Hoffnungsgrund
der meine Ängste verwandelt

Du
wirkst in mir
als verbindende Mitte
die Respekt und Toleranz fördert

Du
gebierst dich in mir
im Leben und Sterben
in Geborgenheit und Freiheit

MITSCHÖPFERISCH SEIN

«Denn durch die Gnade seid ihr gerettet aufgrund des Glaubens; und das nicht aus euch selbst – es ist Gottes Geschenk –, nicht aufgrund von Werken, damit niemand sich rühme.»
EPHESER 2,8

«Mit dem ‹Werden› eins zu sein, das ist meine Lieblingsformel geworden, die Formel meines Lebens … Es macht den Wert und das Glück des Lebens aus, in etwas Größeres aufzugehen, als man selbst ist», schreibt der Jesuit, Paläontologe und Mystiker *Pierre Teilhard de Chardin* (1881–1955) in seinen Reisebriefen 1941/42. Er vertraut auf die verwandelnde Kraft der Liebe Gottes, die er auch im Epheserbrief entdeckt und die uns aufruft, mitschöpferisch zu sein, weil das Wesentliche schon da ist, Gnade. Ein Paulusschüler hat sehr wahrscheinlich diesen Brief verfasst. Er enthält wichtige Aussagen über die Kirche: Christus ist das Haupt und der Eckstein, die Apostel und Propheten gehören zum Fundament, die Kirche selbst ist im Wachstum, im Werden. Im Epheserbrief ist eine Weite spürbar, die in die Freiheit führt: Eine wachsende Kirche erinnert alle, ihre Gaben zu entfalten (Eph 4,7), und fordert auf, «nicht mehr Unmündige» (4,14) zu sein. In diesem Brief wird aber auch die Begrenztheit biblischer Aussagen sichtbar, wenn die Frauen aufgefordert werden, sich den Männern unterzuordnen (5,21), und den Sklaven zugemutet wird, «mit Furcht und Zittern den irdischen Herren zu gehorchen» (6,5). Ich lese und meditiere alle biblischen Worte mit der fragenden Grundhaltung, ob sie mein, unser Vertrauen in die liebende Gegenwart Gottes stärken. Jene liebende Zuwendung, die auch in unserem Umgang mit uns selbst, in unseren mitmenschlichen Beziehungen, in unserem Einsatz für Gerechtigkeit sichtbar werden muss (Eph 6,10.20). Denn Gottes-, Nächsten- und Selbstliebe dürfen nicht mehr voneinander getrennt werden. Diese sich bewegende, reformierende Gemeinschaft ist auf die mitschöpferische Unterstützung aller Getauften angewiesen.

Du
begleitest uns im Erneuern
deiner Vision einer menschlicheren Welt
die alle Menschen aufrichtet

Du
forderst uns all-täglich auf
einzutauchen in deine Liebe
die zum Aufstand für das Leben bewegt

Du
lebst als tiefes Geheimnis in uns
ereignest dich im mitschöpferischen Dasein
das uns wirklich glücklich werden lässt

BEHEIMATUNG ERFAHREN

«Unsere Heimat aber ist im Himmel.»
PHILIPPER 3,20

Auf dem Evangelischen Kirchentag 2009 in Bremen konnte ich viele Liedtexte von *Huub Oosterhuis* (geb. 1939) hören. Ein Projektchor mit Sängerinnen und Sängern aus Amsterdam, Bremen und Osnabrück schenkte uns in Anwesenheit dieses begabten Theologen und Dichters einen bewegenden Abend. Huub Oosterhuis gelingt es, die biblischen Worte in unsere Zeit hineinzuweben, wie dies auch im Buch «Du Atem meiner Lieder» (Freiburg im Breisgau 2009) mit 100 Liedern mit Notensatz offensichtlich wird. Sein Liedtext «Sei hier zugegen» (Gotteslob 764) erinnert mich an wichtige Worte im Philipperbrief, die der Apostel Paulus sehr wahrscheinlich aus einem Gefängnis in Ephesus schreibt. Paulus teilt in wenigen Worten mit, was ihn trägt und was ihm Kraft schenkt, seine durch-kreuzten Hoffnungen auszuhalten. Huub Oosterhuis verdichtet dieses Vertrauen in den Refrainworten «Weck deine Kraft, und komm uns befreien». Ich sehe darin die Verbindung zur Weitsicht des Apostels Paulus, der uns aufruft, «der Macht der Auferstehung» (Phil 3,10) mehr zu vertrauen. Mitten in unserem Leben, auch in unseren dunklen Stunden, können wir erfahren, dass wir

Christus erkennen und leben können. Wir können uns alltäglich erinnern, dass unsere Heimat im Himmel ist. Diese hoffnungsvolle Perspektive vertröstet uns nicht auf später, sondern sie verpflichtet uns, miteinander dem Sich-Ereignen Gottes mehr Raum zu schaffen, indem wir an einer gerechteren und friedvolleren Welt mitarbeiten. Eine Grundhaltung der Achtsamkeit, die verbindet mit allen Menschen guten Willens. «Unsere wahre Heimat ist der gegenwärtige Augenblick» *(Thich Nhat Hanh).*

Du
bist unsere Heimat
gegenwärtig im Lebensatem
der uns stärkt und verbindet

Dich
erkennen wir mit Leib und Seele
als nährende Auferstehungskraft
die uns aufrichtet zur Hoffnung

Du
bist unser Lebenswort
das uns anstiftet
zu einem weltweiten Friedensweg

Dich
feiern mitten im Alltag
im Innehalten im Augenblick
das von der Kraft der Ewigkeit erzählt

EINTAUCHEN IN DEN GROSSEN SEGEN

«Er ist das Bild des unsichtbaren Gottes,
der Erstgeborene der ganzen Schöpfung.
Denn in ihm wurde alles erschaffen
im Himmel und auf Erden,
das Sichtbare und das Unsichtbare ...»
KOLOSSER 1,15-16A

Im Anfang ist nicht die Ursünde, sondern der Ursegen. Die biblischen Worte beginnen mit der wunderbaren Zusage, dass «es sehr gut ist» (Gen 1,31). Es gehört für mich zur großen Tragik der christlichen Tradition, dass vielen Menschen die erste Seite der Bibel mit der guten Nachricht des Ursegens unterschlagen und ihnen zuerst der Sündenfall vorgestellt wurde. Jeder Mensch kann nur reifen und wachsen, wenn er erfährt, dass er angenommen ist vor allem Tun. Unsere Lebensaufgabe besteht darin, diese wunderbar-unbegreifliche Verheißung der bedingungslosen Liebe Gottes Tag für Tag zu erneuern. Der kosmische Hymnus im Kolosserbrief kann uns dabei unterstützen, weil er einen großen Segensbogen spannt, der uns erinnert, dass alles beseelt ist. Siebenmal wird der Ausdruck «alles» wiederholt, weil «alles in Christus Bestand hat» (Kol 1,17). Das ist unsere wahre Er-lösung, die nicht mit

Sühneleistungen verdient werden kann. Die Liebe Gottes ereignet und erneuert sich als unaufhaltsames Geschenk. Im berührenden Hymnus wird diese Weite der Liebe entfaltet, die es uns ermöglicht, uns mit dem Leben zu versöhnen, indem wir unser Leben und Sterben als aufgehoben erfahren können: aufgehoben in der Liebe Gottes, in Christus. Schon *Hildegard von Bingen* (1098–1179) spricht ganz unbefangen von der Menschwerdung Gottes als freiem Entschluss der Liebe Gottes, der immer schon da war. *Pierre Teilhard de Chardin* (1881–1955) beflügelt dieser Hymnus zum Urvertrauen in die «Amorisation», in die Hoffnung, dass die Liebe Gottes alles beatmet. *Matthew Fox* (geb. 1940) sieht in diesem Hymnus eine große Christusvision, die inspiriert vom Dialog mit anderen Religionen zutiefst ökumenisch ist. Jeden Tag können wir den Segen Gottes feiern.

Eintauchen in deinen großen Segen
berührt werden von deiner Liebe
die alles beatmet und beseelt

Eintauchen in das Geheimnis
deiner wunderbaren Menschwerdung
die sich in unserer Liebe erneuert

Eintauchen in deine ganze Fülle
die Erde und Himmel verbindet
im weltweiten Versöhnungsweg

DANKBAR SEIN LEBEN VERTIEFEN

«Freut euch allezeit! Betet ohne Unterlass!
Dankt für alles, denn so will es Gott von euch,
in Christus Jesus.
Löscht den Geist nicht aus!»

1 THESSALONICHER 5,16–19

Spirituelle Menschen suchen die Tiefendimension in ihren Leben. Im ältesten Brief des Apostels Paulus wird eine geerdete Spiritualität entfaltet. Darin wird zuerst das ausgesprochen, was gelungen ist, damit auch in wohlwollender Konfliktfähigkeit jene Problemfelder eingebracht werden können, die es miteinander zu lösen gilt. Kein Tag soll es geben, an dem wir nicht danken für das Geschenk des Lebens. Authentische Freude wird genährt durch eine Grundhaltung der Dankbarkeit, die nichts als selbstverständlich betrachtet im Leben. Damit meine ich nicht jene ungesunde Dankbarkeit, in der ich den anderen ewig dankbar sein muss – im Extremfall drückt sie sich durch eine einengende Unterwürfigkeit aus, in der ich mich sogar ein Leben lang entschuldige für mein Dasein. Echte Dankbarkeit, die zur Lebensfreude beflügelt, erinnert sich, dass gesunde Beziehungen sich im Annehmen einer gegenseitigen Abhängigkeit entfalten können. Jede und jeder von uns braucht andere, um sie/er selbst zu werden, um liebend unterwegs sein zu können und um den lebendigen Lebensatem Gottes in allem feiern zu können. Welch eine Wohltat, dass in den beiden Briefen an die Thessalonicher diese Spur zur Dankbarkeit unaufhaltsam aufgezeigt wird, damit auch die Konflikte (1 Thess 4), die Auferstehungshoffnung (1 Thess 4,13–18), das Mitgefühl mit Menschen in Not (1 Thess 5), die Arbeit (2 Thess 3) in einem größeren Zusammenhang erkannt und angegangen werden kann. So wird das ganze Leben zum Gebet, in dem ich halbstündlich ein «liebendes Aufmerken» *(Johannes von Kreuz)* kultiviere, ein kurzes Innehalten, das all meinen Beschäftigungen und Sorgen einen tieferen Sinn verleiht.

Dich
feiern mitten im Alltag
mich unterbrechen lassen
im tiefen Ein- und Ausatmen

Dich
in allen Lebensvollzügen erkennen
die in wohlwollender Konfliktfähigkeit
deine versöhnende Kraft spürt

Dir
jeden Tag neu danken
für das Geschenk des Lebens
das Gabe und Auf-gabe ist

ENGAGIERTE FRAUEN

«Eine Frau soll sich schweigend in aller Unterordnung belehren lassen. Zu lehren gestatte ich einer Frau nicht. Sie soll auch nicht über den Mann herrschen wollen, sondern sich still verhalten.»

1 TIMOTHEUS 2,11–12

In einer biblischen Spiritualität bin ich herausgefordert, einen wachsam-kritischen Umgang mit der Tradition zu entfalten. Die biblischen Texte selber sind vielfältig. Diese Weite bestärkt uns zum befreiten Gang. Der Aufruf, dass Frauen sich still verhalten sollen, steht im Widerspruch zu all den engagierten Frauen, die in den urchristlichen Gemeinden als Diakoninnen gewirkt haben. Die beiden Briefe an Timotheus und der Brief an Titus, die «Pastoralbriefe» genannt werden, stammen nicht vom Apostel Paulus. Sie wollen Frauen von der Wortverkündigung und von Leitungsaufgaben ausschließen. In «Herders Neuem Bibel-Lexikon», das *Franz Kogler* vom Bibelwerk Linz herausgegeben hat, steht unter dem Stichwort «Diakonin» der wichtige Hinweis auf Phöbe, Diakonin in der Gemeinde von Kenchreä (Röm 16,1), unter «Jüngerinnen, Frauen in der Jesusbewegung» befindet sich eine große Liste von Frauennamen wie Aphia, Chloë, Damaris, Evodia, Julia, Lydia und Priska, und unter dem Stichwort «Junia» wird deutlich hervorgehoben, wie der Name der Apostolin Junia (Röm 16,7) in den Männername Junias umgewandelt wird. Erschreckend, dass trotz klarer Forschungsergebnisse in den meisten Bibelausgaben immer noch der Männername Junias steht! Die heilige *Edith Stein* (1891–1942), engagierte Mystikerin, spricht Klartext zu diesem Thema: «Die Urkirche kennt eine mannigfache caritative Tätigkeit der Frauen in den Gemeinden, eine starke apostolische Wirksamkeit der Bekennerinnen und Martyrinnen, sie kennt die liturgische Jungfrauenweihe und auch ein geweihtes kirchliches Amt, das Frauendiakonat, mit einer eigenen Diakonatsweihe. Die weitere geschichtliche Entwicklung bringt eine Verdrängung der Frauen aus diesen Ämtern ... Von weiblicher Seite regen sich Bestrebungen, dieser Betätigung wieder den Charakter eines geweihten kirchlichen Amtes zu geben ... ob das dann der erste Schritt auf einem Wege wäre, der schließlich zum Priestertum der Frau führte, ist die Frage. Dogmatisch scheint mir nichts im Wege zu stehen, was es der Kirche verbieten könnte, eine solche bislang unerhörte Neuerung durchzuführen» (zitiert nach: Mariano Delgado/Gotthard Fuchs: Die Kirchenkritik der Mystiker). Ich hoffe auf Erneuerungen in der Kirche, damit wir dem Wesentlichen treu bleiben.

Du
bist unsere innere Verwandlungskraft
die uns aufbrechen lässt
einer gerechteren Welt entgegen

Du
bist unsere Auferstehungskraft
die uns glaub-würdig werden lässt
im Erneuern unserer Kirche

Du
bist unser Vertrauensweg im Aufbruch

MENSCHENFREUNDLICHKEIT WAGEN

«Als aber die Güte und die Menschenfreundlichkeit Gottes, unseres Retters, erschien, hat er uns gerettet – nicht aufgrund von Werken, die wir aus eigener Gerechtigkeit vollbracht hätten, sondern aufgrund seines Erbarmens.»
TITUS 3,4

«Und ich glaube immer noch an die Überlegenheit des Guten über das Böse. In diesem Augenblick widerspricht alles meinem Glauben. Bemüht alles sich, mir zu beweisen, dass die wahre Überlegenheit, die wirkliche, konkrete, die der Gewalt ist. Der Geist aber verneint die Tatsachen», schreibt die Jüdin *Hélène Barr* (1921–1945) in ihrem «Pariser Tagebuch 1942–1944», das im Jahre 2009 nun endlich veröffentlicht wurde. Wie *Anne Frank* und *Etty Hillesum* lässt sich eine junge Frau nicht von der Grausamkeit lähmen, sondern kämpft für eine menschenfreundlichere Welt. Sie benennt auch die Trägheit der Katholiken und schreibt, dass sie hin und wieder denkt, dass sie Christus viel näher sei als viele Christen. In diesem bewegenden Tagebuch können wir entdecken, dass die Menschenfreundlichkeit Gottes allen Menschen gilt und dass sie alle verpflichtet, sich für die Würde aller Menschen ein-

und aussetzen. Diese Spur begegnet uns im Brief an Titus, der neben Timotheus zu den engsten Mitarbeitern des Apostels Paulus gehört. Sie konkretisiert sich auch im kleinen Brief an Philemon, den Paulus im Gefängnis schreibt. Er setzt sich bei dem Christen Philemon für den entlaufenen Sklaven Onesimus ein, indem er ihm zumutet, ihn freizulassen: «Vielleicht ist er nämlich nur deshalb eine Zeit lang von dir getrennt worden, damit du ihn für die Ewigkeit zurückbehältst, nicht mehr als Sklaven, sondern als weit mehr: als lieben Bruder» (Phlm 15–16). Die Menschenfreundlichkeit Gottes braucht unsere Hände, unsere Füße, unser Herz.

Du
bekräftigst alle Menschen guten Willens
deine Menschenfreundlichkeit zu leben

Du
befreist Menschen aus ihrer Enge
in die Weite der Friedenskraft

Du
bewirkst in uns einen Verwandlungsprozess
der uns an deine Gegenwart in allem erinnert

Du
bist unser Hoffnungsgrund

VERWUNDETER HEILER

« ... als einer, der fähig ist, Mitleid zu haben
mit den Unwissenden und Irrenden,
da ja auch er mit Schwachheit behaftet ist.»
HEBRÄER 5,2

21. Juli 1969: Auf dem Mond werden erste Schritte gewagt – vierzig Jahre später sagt einer der drei Astronauten, *Edwin Aldrin* (geb. 1930), dass er sich danach nie mehr im Leben zurechtgefunden hat: «Was wollen Sie noch tun, wenn Sie auf dem Mond waren?» Mit 79 Jahren spricht er von der «Melancholie des Erreichten». Drei Worte, die ich so noch nie gehört habe und die ich nicht mehr vergessen werde. In ihnen verdichtet sich die spirituelle Zumutung, ein Leben lang neu und klein anfangen zu können. Diese Grundhaltung taucht in einer schwierigen theologischen Sprache im Hebräerbrief auf, der an Judenchristen geschrieben worden ist. Ein großer Bogen wird gespannt, um den Weg des Gottesvolkes zu entfalten, von Abraham bis zu Christus.

Mich berührt das Bild von Christus als dem verwundeten Heiler. Er ist den Menschen zutiefst nahe, weil er selbst mitfühlend-suchend bleibt, voller Lebensfreude und *Compassion:* «So hat er, obwohl er Sohn war, an dem, was er litt, den Gehorsam gelernt und ist, nachdem er zur Vollendung gelangt war, für alle, die ihm gehorchen, Urheber ewigen Heils geworden» (Hebr 5,8–9). Jesus bleibt Lernender, weil er Hörender war, wie dies *Wilhelm Bruners* in seinem wunderbaren Buch «Wie Jesus glauben lernte» (Freiburg im Breisgau 2006) spannend entwickelt. Horchende zu sein auf den auferstandenen Christus in uns bleibt unsere Lebensaufgabe. Sie führt in die Mitte des Alltags, mit all seinen wunderbaren Begegnungen und mit all seinen Verunsicherungen. Sie führt uns zur Gastfreundschaft und zur Solidarität: «Vergesst nicht die Gastfreundschaft. Durch sie haben manche, ohne es zu merken, Engel beherbergt. Denkt an die Gefangenen wie Mitgefangene, an die Misshandelten, weil auch ihr noch in eurem irdischen Leib lebt» (Hebr 13,2–3).

Du
stiftest uns an Hörende zu sein
um dich mitten im Leben zu erkennen
als Urgrund aller Hoffnung

Du
verwandelst unsere Verlorenheit
im Eintauchen in die Erinnerung
dass du unser Weg bist

Du
bestärkst uns kraftvoll–verwundbar zu sein
um in der Solidarität zu den Mitmenschen
dich als Auferstehungskraft zu erfahren

BEGLEITET IN DER VERUNSICHERUNG

«Keiner, der versucht wird, soll sagen: Ich werde von Gott versucht. Denn Gott kann nicht zum Bösen versucht werden; er führt auch selbst niemand in Versuchung.»
JAKOBUS 1,13

Irgendwann war es mir als Jugendlicher nicht mehr möglich, die Vaterunser-Bitte «Führe uns nicht in Versuchung» zu beten. Ich konnte mir nicht vorstellen, dass Gott mich versucht. So schwieg ich bei diesen Worten im Vaterunser-Gebet, blieb alleine mit meiner Verunsicherung. In meiner ehrenamtlichen Mitarbeit in der Jugendseelsorge hatte ich dann das Glück, all meine Zweifel aussprechen zu können, um mit anderen einen kritischen Glauben einzuüben. Da erfuhr ich, dass sich in vielen Glaubensfragen eine Vielfalt und eine Entwicklung aufzeigt. Der Jakobusbrief steht als neutestamentliche Spätschrift für diese Wirklichkeit. In aller Deutlichkeit werden wir da befreit von einem Angst machenden Gottesbild. Im Gegensatz zu anderen Bibelstellen, in denen Gott den Menschen Prüfungen sendet, korrigiert der Jakobusbrief diese Sicht mit den Worten: «Vielmehr wird jeder versucht, indem er von der eigenen Begierde gelockt und geködert wird» (1,14). Bewährungsproben gehören zu unserem Leben und zu unserem Glauben. Ein Leben lang sind wir aufgerufen, uns in den Verunsicherungen und in unserer Ambivalenz begleiten und unterstützen zu lassen. Darum haben wir in der kleinen Klostergemeinschaft in Neuchâtel miteinander das Gebet Jesu mit folgender Bitte gebetet: «Führe uns in der Versuchung.» Eine Spur, die sich schon beim frühchristlichen Theologen *Origenes* (185–253) findet. Meine Freude ist groß, seit ich im Dezember 2007 erfahren habe, dass die italienische Bischofskonferenz eine Neufassung der Vaterunser-Bitte beschlossen hat. Seither wird in den Kirchen Italiens und im Schweizer Tessin gebetet: «Und lass uns nicht der Versuchung anheimfallen.» Ein ermutigendes Beispiel, zweifelnd-hoffend mit anderen unterwegs zu bleiben.

Du
bestärkst uns unsere Schwächen
anzunehmen und auszudrücken
damit sie verwandelt werden können

Du
machst uns Mut die eigene Ambivalenz
nicht zu verharmlosen und zu überspielen
damit sie integriert werden kann

Du
begleitest uns in unserer Versuchung
wendest unseren Blick auf all das
was uns wirklich glücklich werden lässt

Du
gehst du mit uns vom Dunkel zum Licht

HOFFNUNGSDIALOGE

«Haltet vielmehr Christus heilig in euren Herzen. Seid allezeit bereit zur Antwort einem jeden gegenüber, der von euch Rechenschaft fordert über die Hoffnung in euch.»

1 PETRUS 3,15

«Wenn du das Leben heiligst, begegnest du dem lebendigen Gott ... alles wirkliche Leben ist Begegnung», schreibt *Martin Buber* (1878–1965) in seinem kraftvollen Buch «Ich und Du», das ich immer wieder lese. Meine ganze Sehnsucht verdichtet sich im Wort «DU», das jede Begegnung im ewigen Du verwurzelt sein lässt. Diese sinnstiftende Alltagsgestaltung findet sich in den berührenden Worten im 1. Petrusbrief. Christus wird erfahrbar als Auferstehungskraft, wenn wir einander erzählen von dem, was uns unmittelbar zur Hoffnung bewegt. Es bedeutet nicht, vorschnell Antworten zu geben, sondern durch die eigene Existenz Fragen zu wecken. So können Hoffnungsdialoge entstehen, in denen wir einander erinnern, wie wir immer schon vom tiefen Geheimnis des Lebens bewohnt sind. Hoffnung konkretisiert sich in der Erinnerung (2 Petr 1,12–21). Darum gehört es zu unserer Lebensaufgabe, einander aufmerksam zu machen, dass jede Glaubensgemeinschaft auf «lebendige Steine» angewiesen ist:

«Ihr aber seid ein auserwähltes Geschlecht, eine königliche Priesterschaft, ein heiliger Stamm, ein zu Eigen erworbenes Volk, damit ihr die Großtaten dessen verkündet, der euch aus der Finsternis berufen hat in sein wunderbares Licht» (1 Petr 2,9). Die beiden Spätschriften des Neuen Testaments, die nicht der Apostel Petrus geschrieben hat, fassen christliche Grundhaltungen zusammen, die sich in einem Hoffnungsweg konkretisieren. Hoffende Menschen sind priesterliche Menschen. Menschen, die Erde und Himmel miteinander verbinden. Menschen, die Dunkles miteinander teilen und aushalten, damit sie einem neuen Morgen entgegengehen können. Menschen, die dialogisch unterwegs sind, um das Verbindende in der Verschiedenheit zu erkennen.

Du
bewegst uns zur Hoffnung
erinnerst uns an unsere Würde
die Menschlichkeit stiftet

Du
wohnst in unseren Herzen
erhellst unsere Finsternis
durch dein Hoffnungslicht

Du
ermutigst uns zum heilenden Dasein
das sich ereignet in Begegnungen
die in dir verwurzelt sind

LIEBEND UNTERWEGS

«Gott ist die Liebe und wer in der Liebe bleibt, der bleibt in Gott und Gott bleibt in ihm.»
1 JOHANNES 4,16

«Du hattest dich dazumal darauf verlassen, dass deine Geschöpfe Gehilfen dir würden. O weh», schreibt die jüdische Dichterin *Mascha Kaléko* (1907–1975) in einem kurzen Dialog mit Gott in einem ihrer inspirierenden Gedichte. Ihre Worte bringe ich in Verbindung mit meiner tiefsten Hoffnung: dass die Liebe Gottes sich immer neu ereignet in unserer Liebe. Dass wir Gott brauchen, ist sonnenklar, doch Gott braucht auch uns. Er gebiert sich immer wieder neu in unserer Liebeskraft. Diese zutiefst mystische Grundhaltung findet sich im 1. Johannesbrief, dessen Verfasser wir nicht kennen. In großer Klarheit wird darin entfaltet, was im Mitsein Jesu, in seinem Lachen und Weinen, seinem Sterben und Auferstehen aufscheint: Wir sind nicht von Gott getrennt, in jeder und jedem von uns leuchtet sein innerster Liebesfunke auf.

Der Mystiker *Meister Eckhart* (1260–1328) bringt in seiner 11. Predigt die Motive des Johannesbriefes zum Klingen. Er erinnert uns an die Worte des heiligen *Augustinus:* «Gott ist der Seele näher, als sie sich selbst ist», und zeigt in poetischen Worten die

Tragik auf, dass viele Menschen diese innere Quelle weder wahrnehmen noch daraus schöpfen, sie sind «wie ein Mann, der Wein in seinem Keller hat, aber nichts davon getrunken noch versucht hätte, der nicht weiß, dass er gut ist».

Unsere Lebensaufgabe besteht darin, liebend unterwegs zu sein, im Feiern der Liebe Gottes als tiefstem Grund unserer Beziehungen: «Niemand hat Gott jemals gesehen; wenn wir einander lieben, bleibt Gott in uns und seine Liebe ist in uns vollendet» (1 Joh 4,12). Die Gottesliebe entfaltet sich in der Selbst- und Nächstenliebe. Sie lässt uns mit-hoffen und mit-leiden und kämpfen für ein solidarisches Zusammensein und eine ökologische Achtsamkeit.

Du
ereignest dich in unserer Liebe
berührst uns zum Schöpfen
aus deiner Lebensquelle

Du
lässt uns Erde und Himmel verbinden
im Mitgestalten an einer Welt
die zärtlicher und gerechter wird

Du
bewohnst uns mit deiner Liebe
längst bevor wir dich suchen
wirkst du liebevoll in uns

GANZ IM LEBEN

«Wer Gutes tut, ist aus Gott;
wer aber Böses tut, hat Gott nicht gesehen.»
3 JOHANNES 11

«Ganz ist Gott in unserem Leben, wo wir ganz im Leben angekommen sind: als Mensch mit Menschen und Tieren und Pflanzen, dankbar und demütig», schreibt der evangelische Theologe *Klaus-Peter Jörns* in seinem spannenden Buch «Mehr Leben, bitte! Zwölf Schritte zur Freiheit im Glauben» (Gütersloh 2009), das er seinem Freund und theologischen Wegbegleiter *Eugen Biser* widmet. Beiden ist es ein Herzensanliegen, unermüdlich von der bedingungslosen Liebe Gottes zu erzählen. Wie schwierig es ist, im konkreten Alltag dieses Geschenk der Liebe zu leben, zeigen auch die Johannesbriefe. Es wird nicht das Verbindende gesucht, sondern eine scharfe Trennungslinie zu den «Irrlehrern und Verführern» gezogen. Ganz im Leben zu stehen und aus der Liebe zu leben bedeutet ja nicht, den not-wendenden Konflikten ausweichen zu können. Doch ich wünsche uns, dass wir Identität nicht durch Ausgrenzung, sondern durch einen Dialog finden.

Ganz im Leben stehen heißt, sich als Leib-Geist-Seele-Einheit zu erfahren. Diese ganzheitliche Sicht des Daseins klingt im kleinen dritten Johannesbrief an: «Geliebter, in jeder Beziehung wünsche ich dir Wohlergehen und Gesundheit, so wie es ja deiner Seele wohlergeht» (3 Joh 2). Wohlergehen erfahren wir, wenn wir einen gesunden Lebensrhythmus einüben. Wenn wir erkennen, was uns guttut und was uns entfremdet von uns selbst, von den anderen und vom Urgrund aller Liebe. Dies gilt auch für den Arbeitsalltag und für faire Löhne: «Achtet auf euch, damit ihr nicht verliert, was ihr euch erworben habt, sondern vollen Lohn empfangt» (2 Joh 8). Unsere Lebensaufgabe besteht darin, die Liebe Gottes in all unseren Lebensvollzügen zu erahnen und zu feiern.

Du
versprichst uns erfülltes Leben
Schönheit und Verlorenheit
Kraft und Zerbrechlichkeit

Du
findest dich mitten im Leben
im Kampf für das Gute
im Austragen von Konflikten

Du
schenkst uns Wohlergehen
begleitest uns im Leiden
berührst uns zur Liebe

Du
bist unsere Auferstehungskraft

AM WIDERSTAND WACHSEN

«Erbarmen, Friede und Liebe sei mit euch in Fülle!»
JUDAS 2

«Der Mensch entdeckt sich, wenn er sich an Widerständen misst», schreibt der französische Schriftsteller *Antoine de Saint-Exupéry* (1900–1944). Die jüngsten Texte in der Bibel sind in einer Situation des Widerstandes geschrieben. In diesem Ernstfall des Lebens und des Glaubens zeigt sich, wie stark die Identität der jungen Christengemeinden ist. Die polemische Schreibweise im Judasbrief lässt auf eine zerbrechlich-bedrohte Identität schließen. Beim Lesen dieses Briefes bin ich zuerst enttäuscht und verunsichert: Ist das alles, was vom befreienden Sein und Wirken jenes Liebhabers des Lebens aus Nazaret bleibt? Schaue ich jedoch in bescheidener Ehrlichkeit auf mein Leben und auf jene Momente, in denen ich angegriffen oder verleumdet wurde, so kann ich mich besser hineinfühlen in die Kampfstimmung, die im Judasbrief aufscheint. Er bewegt sich in der Spannung von Verurteilung und Erbarmen. Er birgt die große Gefahr in sich, Feindbilder zu fördern und zu verfestigen. In dieser Ernüchterung liegt die Chance, authentisch beim gemeinsamen Lesen des Briefes in einen Austausch zu kommen, in dem auch eigene Aggressionen und Versöhnungsbereitschaft zur Sprache kommen können. Der kleine Brief, der – sicher nicht von Judas, dem Bruder des Jakobus – um etwa 100 n. Chr. geschrieben worden ist, konfrontiert uns mit der Lebensfrage, wie wir mit Widerstand umgehen. Er kann uns ein Spiegel sein, der uns unsere eigene Tendenz zur Verhärtung und unsere Sehnsucht nach versöhnenden Wachstumsprozessen aufzeigt. Echtes, befreiendes Wachstum braucht Grenzen und Widerstand. Gerechtigkeit und Barmherzigkeit sind zentrale Schlüsselworte in der biblischen Botschaft. Sie muten uns Konfliktbereitschaft und Versöhnungskraft zu.

Du
wagst Widerstand mit uns
bestärkst zum Aufstand für das Leben
im Kampf für Gerechtigkeit

Du
brichst unsere Feindbilder auf
im authentischen Eingestehen
eigener Aggressivität

Du
stiftest uns an zum Mitgefühl
bewegst uns zur Hoffnung
am Widerstand reifen zu können

Du
lenkst unsere Versöhnungsschritte

AUFGEHOBEN IM EWIGEN

«Seht das Zelt Gottes unter den Menschen! Er wird in ihrer Mitte wohnen und sie werden seine Völker sein und er selbst, Gott mit ihnen, wird ihr Gott sein. Er wird jede Träne von ihren Augen abwischen und es wird keinen Tod mehr geben; auch keine Trauer, keine Klage, keine Mühsal wird es mehr geben; denn das Frühere ist vergangen.»
OFFENBARUNG 21,3–4

«Nokan – Die Kunst des Ausklangs» heißt der Film, der mich 2008 am meisten berührt hat. Dem japanischen Regisseur *Yojiro Takita* gelingen wunderbare Bilder, die intensivstes Leben angesichts des Todes ausstrahlen. Ein junger Cellospieler entdeckt ein altes Ritual, das Verstorbene für die Bestattung vorbereitet. Hoffnungsbilder begegnen mir, die mich an die zeitlosen Worte aus der Johannesoffenbarung erinnern. Vertrauensworte, die uns ermutigen, Tränen fließen zu lassen, damit wir sie einander abwischen können. In dieser Nähe ereignet sich die Zusage Gottes, mittendrin zu sein. Es ist dieser Refrain, der alle biblischen Bücher zum Klingen bringt. Eine Zusage, die auch im letzten Buch hineingesprochen wird in eine Situation der Verunsicherung und der Verzweiflung. In wortgewaltigen verschlüsselten Bildern und Symbolen aus der Hebräischen Bibel wird die strukturelle Gewalt des Römischen Reiches gegen Ende des ersten Jahrhunderts entlarvt, damit Christinnen und Christen das Leben wählen. Gleichgültigkeit ist keine Möglichkeit: «Weil du aber lau bist und weder heiß noch kalt, will ich dich ausspeien aus meinem Mund» (3,15), heißen die herausfordernden Worte, die an die Gemeinde in Laodizea gerichtet sind. Sie bleiben höchst aktuell für Menschen heute auf der Suche nach Zivilcourage. Denn das Gegenteil von Liebe ist nicht Hass, sondern Gleichgültigkeit *(Elie Wiesel).* Menschen, die sich täglich an ihr Aufgehobensein im Ewigen erinnern, brechen miteinander auf, um im Hier und Jetzt mit dem Auferstandenen Partei zu ergreifen für die Verfolgten und Diskriminierten.

Du
gebierst dich in mir
in meinem Leben
in meinem Sterben

Du
bist mittendrin
in meinen Zweifeln
in meiner Hoffnung

Du
stehst auf mit uns
jeden Tag neu
zu einem Leben in Fülle

VERZEICHNIS DER BIBLISCHEN BÜCHER UND ABKÜRZUNGEN

Erstes Testament

Gen, 1. Mose	Das Buch Genesis (Das erste Buch Mose)
Ex, 2. Mose	Das Buch Exodus (Das zweite Buch Mose)
Lev, 3. Mose	Das Buch Levitikus (Das dritte Buch Mose)
Num, 4. Mose	Das Buch Numeri (Das vierte Buch Mose)
Dtn, 5. Mose	Das Buch Deuteronomium (Das fünfte Buch Mose)
Jos	Das Buch Josua
Ri	Das Buch der Richter
Rut	Das Buch Rut
1 Sam	Das erste Buch Samuel
2 Sam	Das zweite Buch Samuel
1 Kön	Das erste Buch der Könige
2 Kön	Das zweite Buch der Könige
1 Chr	Das erste Buch der Chronik
2 Chr	Das zweite Buch der Chronik
Esra	Das Buch Esra
Neh	Das Buch Nehemia
Tob	Das Buch Tobit
Jdt	Das Buch Judit
Est	Das Buch Ester
1/2 Makk	*Das erste/zweite Buch der Makkabäer*

Ijob	Das Buch Ijob (Hiob)
Ps	Die Psalmen
Spr	Das Buch der Sprichwörter (Die Sprüche Salomos)
Koh, Pred	Das Buch Kohelet (Pred: Der Prediger Salomo)
Hld	Das Hohelied
Weish	*Das Buch der Weisheit*
Sir	*Das Buch Jesus Sirach*
Jes	Das Buch Jesaja
Jer	Das Buch Jeremia
Klgl, Klg	Die Klagelieder (Klagelieder Jeremias)
Bar	*Das Buch Baruch*
Ez, Hes	Das Buch Ezechiel (Hesekiel)
Dan	Das Buch Daniel
Hos	Das Buch Hosea
Joël	Das Buch Joël
Am	Das Buch Amos
Obd	Das Buch Obadja
Jona	Das Buch Jona
Mi	Das Buch Micha
Nah	Das Buch Nahum
Hab	Das Buch Habakuk
Zef	Das Buch Zefanja
Hag	Das Buch Haggai
Sach	Das Buch Sacharja
Mal	Das Buch Maleachi

Neues Testament

Mt	Das Evangelium nach Matthäus
Mk	Das Evangelium nach Markus
Lk	Das Evangelium nach Lukas
Joh	Das Evangelium nach Johannes
Apg	Die Apostelgeschichte
Röm	Der Brief an die Römer
1 Kor	Der erste Brief an die Korinther
2 Kor	Der zweite Brief an die Korinther
Gal	Der Brief an die Galater
Eph	Der Brief an die Epheser
Phil	Der Brief an die Philipper
Kol	Der Brief an die Kolosser
1 Thess	Der erste Brief an die Thessalonicher
2 Thess	Der zweite Brief an die Thessalonicher
1 Tim	Der erste Brief an Timotheus
2 Tim	Der zweite Brief an Timotheus
Tit	Der Brief an Titus
Phlm	Der Brief an Philemon
Hebr	Der Brief an die Hebräer
Jak	Der Brief des Jakobus
1 Petr	Der erste Brief des Petrus
2 Petr	Der zweite Brief des Petrus
1 Joh	Der erste Brief des Johannes
2 Joh	Der zweite Brief des Johannes
3 Joh	Der dritte Brief des Johannes
Jud	Der Brief des Judas
Offb	Die Offenbarung des Johannes

BIBELSTELLENREGISTER

LITERATUR UND QUELLEN

Baldermann, Ingo: Die Bibel – Buch meiner Sehnsucht. Wegbegleitung in dunklen und in hellen Tagen. München 2007.

Barr, Hélène: Pariser Tagebuch 1942–1944. München 2009.

Basset, Lytta: Euer Herz sei ohne Angst. Wie ich aus tiefstem Schmerz zu einem neuen Leben fand. München 2008.

Bergman, Ingmar: Der Film, das Theater, die Bücher. Hrsg. von Roger W. Olivier. Rom 2001.

Bonhoeffer, Dietrich: Dietrich Bonhoeffer Werke Bd. 16: Konspiration und Haft 1940–1945 © 2001 Gütersloher Verlagshaus, Gütersloh, in der Random House GmbH, München.

Bibel in gerechter Sprache. Hrsg. von Ulrike Bail, Frank Crüsemann, Marlene Crüsemann, Erhard Dormay, Jürgen Ebach, Claudia Janssen, Hanne Köhler, Helga Kuhlmann, Martin Leutzsch und Luise Schottroff. Gütersloh 2006.

Bichsel, Peter: Über Gott und die Welt. Frankfurt am Main 2009.

Brantschen, Niklaus: Vom Vorteil, gut zu sein. Mehr Tugend, weniger Moral © 2005, Kösel Verlag, München, in der Verlagsgruppe Random House GmbH.

Bruners, Wilhelm: Wie Jesus glauben lernte. Freiburg i. Br. 2006.

Buber, Martin: Ich und Du. Heidelberg 1983.

Delgado, Mariano / Fuchs, Gotthard (Hrsg.): Die Kirchenkritik der Mystiker. Prophetie aus Gotteserfahrung. Band III: Von der Aufklärung bis zur Gegenwart. Fribourg/Stuttgart 2005.

Domin, Hilde: Bitte. Aus: dies., Gesammelte Gedichte © S. Fischer Verlag GmbH, Frankfurt am Main 1987.

Ehlert, Stefan: Wangari Maathai – Mütter der Bäume. Die erste afrikanische Friedensnobelpreisträgerin. Freiburg i. Br. 2004.

Hammarskjöld, Dag: Zeichen am Weg. Das spirituelle Tagebuch des UN-Generalsekretärs. München 2005.
Hillesum, Etty: Das denkende Herz. Die Tagebücher von Etty Hillesum 1941–1943 © Verlag Herder GmbH, Freiburg im Breisgau.
Jörns, Klaus-Peter: Mehr Leben, bitte! Zwölf Schritte zur Freiheit im Glauben. Gütersloh 2009.
Kaléko, Mascha: In meinen Träumen läutet es Sturm. München 1999.
Reinhard Kirste: Die Bibel interreligiös gelesen. Nordhausen 2005.
Meister Eckhart: Deutsche Predigten und Traktate. Zürich 1979.
Mercier, Pascal: Nachtzug nach Lissabon © 2004 Carl Hanser Verlag, München.
Merton, Thomas: Freiheit in seinem Geist. Mit einer Einführung und ausgewählt von Wunibald Müller. Mainz 2000.
Noël, Marie: Erfahrungen mit Gott. Mainz 2005.
Nouwen, Henri J. M.: Geheilt durch seine Wunden. Freiburg i. Br. 1987.
Oosterhuis, Huub: Du, Atem meiner Lieder. Freiburg i. Br. 2009
Rohr, Richard: Ins Herz geschrieben. Die Weisheit der Bibel als spiritueller Weg. Freiburg i. Br. 2008.
Praetorius, Ina: Gott dazwischen. Eine unfertige Theologie. Ostfildern 2008.
Rutishauser, Christian: Christsein im Angesicht des Judentums (Ignatianische Impulse 28), Würzburg 2008.
Scheidgen, Ilka: Hilde Domin. Dichterin des Dennoch. Lahr 2006.
Schlingensiepen, Ferdinand: Dietrich Bonhoeffer 1906–1945. Eine Biographie. München 2010.
Schüngel-Straumann, Helen: Denn Gott bin ich, und kein Mann. Gottesbilder im Ersten Testament – feministisch betrachtet. Mainz 1996.

Sobrino, Jon: Der Preis der Gerechtigkeit. Briefe an einen ermordeten Freund (Ignatianische Impulse 25), Würzburg 2007.
Sölle, Dorothee: Den Himmel erden. Eine ökofeministische Annäherung an die Bibel. München 1996.
Steffensky, Fulbert: Schwarzbrot-Spiritualität. Stuttgart 2006.
Stutz, Pierre: Mein Leben kreist um Dich. Mit den Psalmen die eigene Mitte finden. München 2009.
Desmond Tutu: Versöhnung. Sei wahr und werde frei. Freiburg i. Br. 2008.
Venetz, Hermann-Josef: So fing es mit der Kirche an. Ein Blick in das Neue Testament. Zürich/Einsiedeln/Köln 1981.
Zink, Jörg: Dornen können Rosen tragen. Freiburg i. Br. 2009.

LISTE ERWÄHNTER FILME

(ALS DVD ERHÄLTLICH)

Die Hausschlüssel – Le chiavi di casa (2004) von Gianni Amelio.
Ich will Dich – Begegnungen mit Hilde Domin (2008) von Anna Ditges.
Der neunte Tag (2004) von Volker Schlöndorff.
Nokan – Die Kunst des Ausklangs / Departures (2009) von Yojiro Takita.
Schmetterling und Taucherglocke (2007) von Julian Schnabel.

Die Bibel entdecken

Die Bibel
Texte der Heiligen Schrift mit Einführungen und Meditation von Anselm Grün
ca. 720 Seiten | Gebunden mit Leseband | ISBN 978-3-451-32731-5
Zentrale Texte des Ersten und Neuen Testaments nach der aktuellen Übersetzung der Herder-Bibel, erschlossen von Anselm Grün. Seine Einführungen sind Lesehilfen zur Bibel allgemein und zu den einzelnen Büchern der Bibel. Von der Schöpfung bis zum Ausblick auf die Vollendung der Welt vertiefen Meditationen zentraler Bibeltexte das spirituelle Verständnis.

Andrea Schwarz
Die Bibel entdecken in 25 Schritten | Eine Schatzsuche für Neugierige
Neu bearbeitet in Zusammenarbeit mit dem Bibelwerk Linz durch Franz Kogler und Ingrid Penner
ca. 176 Seiten | Klappenbroschur | Durchgehend farbig | ISBN 978-3-451-30689-1
Frisch und farbig, verständlich und amüsant: die Neuausgabe des erfolgreichen Einführungsbuchs in die Bibel von Andrea Schwarz. Für den Leiter des Bibelwerk Linz »die beste Entdeckungsreise in die Bibel«. Für alle, die immer schon neugierig waren, was es mit der Bibel eigentlich auf sich hat. Andrea Schwarz ist heute eine der führenden Bibliolog- Ausbilderinnen im deutschen Sprachraum.

Richard Rohr
Ins Herz geschrieben | Die Weisheit der Bibel als spiritueller Weg
336 Seiten | Herder Taschenbuch | ISBN 978-3-451-06688-7
Richard Rohr ist eine prophetische Stimme für spirituell suchende Menschen auf der ganzen Welt. Das neue Buch des Bestsellerautors handelt vom rechten Verständnis der Bibel und ist in gewisser Weise eine Summe seines Lebens. Richard Rohrs Verbindung von Bibeltext und gegenwärtiger Erfahrung ist nichts weniger als ein Schlüssel, um die ganze biblische Botschaft zu verstehen und als spirituellen Weg für die Gegenwart zu entdecken.

Thomas Söding
Das Matthäusevangelium in der Bibel | Reihe Bibel verstehen
160 Seiten | Gebunden | ISBN 978-3-451-32699-8
Thomas Söding, einer der namhaftesten Neutestamentler unserer Zeit, führt sachkundig und verständlich in das Matthäusevangelium ein. Sein Buch bietet vierzig Impulse für eine spannende Begegnung mit dem Jesus des Matthäusevangeliums. Aktuelle wissenschaftliche Erkenntnisse über die Person des Verfassers, seine Adressaten sowie über die historischen Verhältnisse runden die kompakte Einführung in gelungener Weise ab.

Bärbel Wartenberg-Potter
Die Bergpredigt in der Bibel | Reihe Bibel verstehen
160 Seiten | Gebunden | ISBN 978-3-451-30721-8
Die Bergpredigt des Matthäusevangeliums gilt seit zweitausend Jahren als Inbegriff der Lehre Jesu – mit einer Ausstrahlungskraft weit über das Christentum hinaus. Zugleich führt sie immer wieder vor die Frage, was sie für den Glauben und das praktische Handeln der Christinnen und Christen bedeutet.

Pierre Stutz im Verlag Herder

Ein Stück Himmel im Alltag
Sieben Schritte zu mehr Lebendigkeit
160 Seiten | Herder Taschenbuch | ISBN 978-3-451-06586-6
Lebendig ist, wer auf seine Seele achtet: Pierre Stutz zeigt konkrete spirituelle Übungen, um zur Quelle der eigenen Lebendigkeit zu finden – und so den Himmel in den Alltag zu holen. Ein Standardwerk zur Spiritualität.

Was meinem Leben Tiefe gibt
Schritte zum Dasein
160 Seiten | Herder Taschenbuch | ISBN 978-3-451-06296-4
Pierre Stutz zeigt Schritte zu einem bewussteren und versöhnten Leben: Staunen, Loslassen, Versöhnen und Dasein. Dieses Buch hat vielen Menschen geholfen, im Alltag die eigene Tiefendimension zu entdecken und die göttliche Spur im eigenen Leben wahrzunehmen. Die Neuausgabe des bewährten spirituellen Bandes ist jetzt um das vierte Kapitel »Dasein« erweitert und abgerundet.

Sei gut mit deiner Seele
160 Seiten | Herder Taschenbuch | ISBN 978-3-451-07165-2
Sich selbst mit einem wohlwollenden Blick anschauen, gerade dann, wenn das Leben voller Fragen ist. Das einfühlsame Buch von Pierre Stutz: Meditationen, Rituale, Segenswünsche, auch wenn sich das Leben nicht ganz so freundlich zeigt.

Atempausen für die Seele
160 Seiten | Herder Taschenbuch | ISBN 978-3-451-06585-9
Innehalten mitten in der Alltagshektik und die stärkende Kraft des Atmens erfahren: Ein- und Ausatmen, im Einklang mit dem eigenen Rhythmus leben und ein gesundes Zeitmaß finden. Impulse von Pierre Stutz, die der Seele neue Kraft schenken.

Kleines Buch vom Kreis des Lebens
160 Seiten | Herder Taschenbuch | ISBN 978-3-451-07125-6
Inneres Wachstum geschieht wie der Rhythmus der Jahreszeiten: Frühling, Sommer, Herbst und Winter sind Sinnbild geglückten Lebens. Pierre Stutz lädt dazu ein, die Kraft der Jahreszeiten in sich selbst zu entdecken. Wenn wir Körper und Seele Zeiten der Aktivität und der Ruhe geben, begegnen wir Herausforderungen in Arbeit und Beziehungen kraftvoller und ausgeglichener.